不幸論！

佐野量幸 著

元就出版社

はじめに

不幸中の幸い、という言葉があるのに、幸い中の不幸とは言わないのはどうしてなのか。

それはつまり、幸せのなかにすでにして不幸があるために、重複するからである。

そういうことで、幸せとは不幸の変異種であると言うことができる。

なぜなら、すぐにまた不幸に戻るのだから。

言うならば、幸せとは、不幸の長い階段の途中にある踊り場なのである。

それはちょうど、戦争と戦争の間の束の間のことを、平和と呼んでいるように。（佐野）

＊

誰かが言った。

「幸せである者は、不幸になることを恐れ、心配し、そうならないように常にケーカイして生きている」

こういう状態を、はたして幸せと言っていいものだろうか。

いや、そうではない。これこそが、幸せの本質なのかもしれない。（佐野）

＊

不幸であるということは、決して不幸なんかではない。

なぜなら、それが人間の本当のあるべき姿なのだから。

不幸であるがゆえに、そこから脱け出そうと努力し、耐え、そして将来に希望の光を見出すのである。

……こんなすばらしいことはないではないか。（佐野）

＊

幸せであることは、決して幸せなんかではない。

なぜなら、そこに安住して、なかなか外へ飛び出そうとはしないからである。

幸せであるがために、現状維持で満足して、決して冒険をしないし、人生の賭けにも出ない。

不幸になることを心配し、恐れるという、そんな人生に、生きる意義があるのか。（佐野）

＊

眠り姫は、他の魔女たちからたくさんのすぐれた資質や美点を授けられたわけだが、招待されなかったたった一人の魔女の呪いによって、百年の眠りについてしまった。

せっかく授かったたくさんのすばらしい資質や美点はまったく意味がなかったのである。

すなわち、大きな不幸にあっては、どのような才能も無力であるということである。（佐野）

＊

夜の明けない夜はない、とか陽はまた昇る、などの言葉は、不幸な人たちを励ます定番の言葉であるが、昨今は、想定外の自然災害が日常茶飯事となっていて、ただの気休めとなってしまっている。

夜が明けたからといって、必ずしも希望の朝が来るわけではないし、確かに陽はまた昇る

が、すぐ沈むものである。（佐野）

＊

人間として純粋であることはすばらしい資質ではあるが、しかしそれは、不幸の素でもある。

善人が早死にするとは、そのことを言ったものである。（佐野）

＊

幸せのあとで不幸になると、いっそうみじめである。

が、不幸だった人間はさらに不幸になったとき、不幸だった頃を懐かしむ。（佐野）

＊

人間はもともと愚かで不幸な生き物であると思っていれば、幸せとか不幸というものが、どうでもいいことのようになってくる。

なぜなら、**幸せでなければ生きていけないわけではないし、不幸だからといって生きていけないわけでもないのだから。**

したがって、無理をして幸せになることもないし、不幸に打ち勝つとか負けないなどときばることもない。

太く短い人生を送るのではないのなら、無理したり、きばって生きることはない。

人は、無理したりきばったりしないと、幸せに生きることは、無理なのである。（佐野）

＊

スポーツ選手は、限界を超えて練習すると、かえって故障する。また、能力のある選手は、

体がそれについていかずに、ダメになる。（佐野）

*

暗闇だからこそ、ごくわずかな光でも見ることができる。

病気になって初めて、健康のありがたさというものを実感する。

そして、コロナ禍になったことで、それまで当たり前であったことが、本当はそうではなく、恵まれていたのだということを、いやと言うほど思い知らされた。

それはつまり、人は、不幸にならないと、何が幸せなのか、また幸せとはどういうものなのか、がわからないということである。（佐野）

【不幸論！／目次】

一　不幸中の幸い

幸せは幸福の中にあるのではなく、不幸にこそ存在する。
病人が浮き浮きしながら、今日か明日かと退院を心待ちにするように……。
（佐野量幸・以下佐野）

＊

幸せとは、不幸からの脱出のことである。同様に、失敗は成功のもと、ともいう。そして、悪夢は決して悪夢（現実）ではない。（佐野）

＊

どのような不幸も、言わばパンドラの函《はこ》であって、その中にはたとえわずか一片でも、希望が残されている。（佐野）

＊

財布や重要書類をどこかに落としたり、置き忘れたことを知った時、頭の中は真っ白になり、目の前が真っ暗になる。

しかし、それが運よく見つかったり、戻ってきた時、ああ、良かったと胸をなでおろすと同時に、喜びを感じる。別に得したわけでも何でもないのに、である。

これを幸せと言わずに、何と言おう。
実際は、現状維持なのであるが……。（佐野）

＊

犠牲なくして人生の幸福を求めることは、無益なわざであることを知れ。（レッシング）

＊

どんな不幸の中にも幸福がひそんでいる。どこに良いことがあり、どこに悪いことがあるのか、我々が知らないだけである。（ビルジル・ゲオルギ）

＊

希望とは、すべてが絶望的に見える時にも、望みを捨てないことである。（不詳）

＊

春を迎えるには冬を経験しなければならない。冬の寒さが厳しければ厳しいほど、春の喜びはいっそう大きなものとなる。（不詳）

＊

道に迷うことは決してムダではない。なぜなら、人生を迷わずまっすぐ進んで、それでいったい何が得られると言うのか。（佐野）

＊

飛ぶためには抵抗がなければならない。（マヤ・リン）

＊

すべての不幸は、幸福の踏み台にすぎない。（ソロー）

失敗すれば失敗したで、不幸なら不幸で、またそこに生きる道がある。（福田恆存）

＊

仕合わせならんと願うなら、まず学べ、苦しむ術《すべ》を。（ツルゲーネフ）

＊

貧困も病気も苦しみだけを人間に与えるものではない。それに付け加えて、何かを人間に与えるのだ。その何かがあるために、貧乏の苦しみも、幸福の色をただよわせて思い出の中によみがえって来るのである。（田宮虎彦）

＊

希望は、つねにわれわれを欺《あざむ》くペテン師である。私の場合、希望を失ったとき、初めて幸福が訪れた。（シャンフォール）

＊

不幸なるひとびとは、さらに不幸なるひとびとによって慰められる。（イソップ）

＊

たいした苦しみもない代わりにたいした喜びもなく、たいした努力もしない代わりにたいした成果もえられず、ぬるま湯につかったように生きて死んでゆく人間が多いなかで、慟哭《どうこく》をあじわえる人間は幸福なのだと！　だからその慟哭と真正面から対決しなければ、真の人生は生きられないのだ、と。（アニメ・エースをねらえ！）

＊

本当の幸せは何事も起こらないことである。しかし、それはある意味、不幸なことでもある。なぜなら、何事か起こるのが、たとえば災難や災害の連鎖が人生なわけなのだから。（佐野）

＊

「辛い」という字がある。もう少しで「幸せ」になれそうな字である。（星野高弘）

＊

幸せはめったにあるものではない。であればこそ、人は幸せを追い求めるのだ。しかし、本当の幸せは、不幸から見い出すものであり、気づくものなのである。それこそが、不幸中の幸《さいわ》い、というものである。そうなのだ、幸せは不幸の中に隠れているものなのである。（佐野）

＊

人生は短い。だが、不幸が人生を長くする。（プブリウス）

＊

何げない日々は、幸せのアカシ。（ジ・アルフィー）

＊

不幸を感じている人より、不幸に慣れてしまった人の方が不幸である。（小林秀雄）

＊

真理を模索し始めることによって、本当の人生は始まる。（レッシング）

＊

不幸は立派な財産である。財産にできない人を、本当の不幸と言う。（佐野）

二　幸せにひそむ不幸

人の幸福はすべて、他の人の不幸の上に築かれている。（ツルゲーネフ）

＊

幸せは、不幸を先送りしたものである。

たとえば、子どもの時、両親などの家庭環境に恵まれてとても幸せだったら、大人になってきっと不幸になる。

なぜなら、不幸に対する免疫がないまま育って成長したからである。ある意味、こんな不幸なことはない。

＊

すなわち、あたたかく幸せな家庭というものは、温室であり、ぬるま湯なわけなのだ。急に外気に触れたなら、どうにかなるに決まっている。（佐野）

＊

妬《ねた》まれるがいい。憎まれるがいい。幸福もまた無傷ではない。（谷川俊太郎）

＊

未熟なうちは成長する。成長すれば、あとは衰えるだけだ。（レイ・クロック）

私がこの世において幸福でなかったとしても、それが何であろう。私は生まれる前は、無であったのだ。（斉藤秀三郎）

＊

夏休みには必ず終わりが来るように、青春時代に留まり続けることはできない。自由な若者の象徴となった二人が、その後あまり幸福とはいえない人生を送ったのも、彼女らの青春があまりにも輝かしいものだったからなのかもしれない。皮肉なものだ。（不詳）
※二人とは、「悲しみよ、こんにちは」の作者、フランソワーズ・サガンと、その映画に主演した、ジーン・セパーグのこと。

＊

五つの幸福があっても、一つの不幸のためにその五つはゼロになる。幸福は弱く、不幸は強い。

吾々は幸福を強く、不幸を弱く感ずるように修練をつむべきだ。

五つの不幸があっても一つの幸福を幸福と感ずるようになる事が必要だ。この修練がなければ、人生は要するに不幸なものになる。（志賀直哉）

＊

幸福というものは、身体のためによいものである。

しかし、精神の力を向上させるのは、幸福ではなく悲しみである。（プルースト）

＊

幸福はコークスのようなものだ。何か別の物を作っている過程で偶然得られる副産物なの

だ。（ハクスリー）

＊

大きな幸せでないと幸せを実感できないことほど、不幸なことはない。なぜなら、幸せとは本来小さなものであって、すぐそうと気づいたり感じたりするのがむずかしいからである。

だから、あとにあって、あのときが幸せだったのだと、なつかしむのである。すなわち、幸せとはなつかしさの中にある。（佐野）

＊

幸せは、日常的なありふれたところに潜んでいるからこそ、チルチルとミチルのように、誰もが外の世界へ探しに出るのである。（佐野）

＊

幸せに恵まれていると思われるひとびとも、死を見とどけぬうちは羨むべからず、運はその日かぎりにつき。（エウリピデス）

＊

幸せは去ったのちに光を放つ。（イギリスのことわざ）

＊

幸福は求めない方がいい。求めない人間に、求めない心に、求めない体に、求めない日々に、人間の幸福があるようだ。（井上靖）

＊

幸福はけっして怠惰《たいだ》の中にはない。幸福はつねに努力する生活の中にある。（石川達三）

＊

人生、困苦の味を知らない人は、まことに幸福である。そして、不幸である。（白瀬矗《しらせなお》）

＊

幸福で、単純な生活。（ロボトミー）

＊

祭りのあとは、何か物悲しく寂しい気分に襲われる。幸せとは、ある意味、そんなものかもしれない。（佐野）

＊

幸福などというものは、まったくあり得ないものである。

なぜなら、肉体は多くの病いに冒《おか》され、他方、魂《たましい》は肉体と悩みをひとつにし、またそれに煩《わずら》わされる。

それにまた、運というものが、とかく希望をくじく。

だから、これらすべてのせいで、幸福は存在し得ないのである。（ゲシアスとその徒）

＊

恋におちた人は、快楽と引き換えに不幸を手に入れるのだ。（シベノのディオゲネス）

＊

幸せな人間てえのは、よっぽどのことがなければ、起ち上がりゃしないんだよ。

正義のために行動できるってことは、つまりは自分は不幸だってことなんだ。（佐藤賢一）

幸福であるだけでは十分ではない。他人が不幸でなければならない。（ルナール）

＊

幸福は梅毒に似ている。あまり早く体験すると、体質を根本的にだめにしてしまう可能性がある。（フローベル）

＊

不幸になりたくなければ、幸せにならないことである。（佐野）

＊

幸福は不幸を準備する。幸福にはいつも不吉な予感がつきまとう。（不詳）

＊

幸せな家庭、家庭団欒などは、幸せではなく、言わば、幸せごっこ、みたいなものである。つまり、演技をしている。まるで、ホームドラマを演じている役者のように。頼もしいお父さん、やさしくよく気がつくお母さん、そして両親の言うことをよく聞く素直で温和しい子どもたちなど……。

所詮は、うわべである。

もし本音が飛び交うような家族であったら、とっくに崩壊している。であるからして、そうならないために、そしてささやかでも幸せを演出して、うわべを飾る必要があるわけである。

親しき仲にも礼儀あり、とはこのことを言ったものである。（佐野）

*

幸福であるためには二つの路がある。欲望を減らすか、持ち物を増やすか。どちらでもよろしい。（フランクリン）

*

忘却なくして、幸福はありえない。（モロア）

*

一番幸せなのは、幸福なんて特別必要でないと悟ることである。（サローヤン）

*

幸福は夢にすぎず、苦痛は現実である。（ボルテール）

*

苦難はたいてい未来の幸福を意味し、それを準備してくれるものであるから、私はそうした経験を通して、苦難のときには希望をいだくようになり、逆にあまりに大きな幸福に対しては疑念をいだくようになった。（ヒルティ）

*

恋に落ちるとは、ある意味、泥沼に落ちることでもある。相手によっては。（佐野）

*

幸せな人は現在についても満足しきっていますから、未来のことはあまり考えない。

（アインシュタイン）

その自覚がまったくない不幸ほど、つまり、自分は幸せであると思い込んでいる不幸ほど、不幸なことはない。（佐野）

＊

幸せと見える家庭の多くは、家族の誰かがギセイになることによって、成り立っている。（佐野）

＊

幸せな人というのは、自分が不幸であることの自覚がない人のことである。（佐野）

三　童話の中の不幸

童話で描かれている定番は、不幸な身の上からハッピーエンドで終わるサクセスストリーである。

それはつまり、子どもたちへ夢と希望を与えることを目的としているからである。

そして、どんなに不幸であっても、それにくじけずがんばれば、必ず幸せになれる、というメッセージが込められている。

がしかし、中には、そうでない童話がある。

その代表が、アンデルセンの「人魚姫」と「マッチ売りの少女」である。

*

童話の三大プリンセスと言えば、「シンデレラ」、「白雪姫」、「眠り姫」である。

彼女たちは三人三様のひどい目にあっている。

「白雪姫」にいたっては、不幸を通り越して、一度や二度ならず、三度も殺されかけたのである。

これはもう、童話の域をはるかに越えていて、まるでサスペンスである。

「眠り姫」も百年間眠らされていたわけで、お姫様であるにもかかわらず、一般人があこがれる存在などではまったくない、というのがミソになっている。

すなわち、きれいに良く見えているものの実態はその逆である、ということである。

それを象徴するのが、何あろう、富士山である。

＊

「シンデレラ」は、女の子がもっともあこがれるプリンセスである。

と言うのも、「白雪姫」や「眠り姫」は生まれついてのお姫様であるが、「シンデレラ」は良家の女の子という設定で、ある意味、一般女子に近しい存在であるため、もっとも身近に感じられるからである。

女の子であれば、誰もがあこがれてやまないのが、白馬に乗った王子様が自分を迎えにやって来てくれる、というシーンである。

とは言うものの、女の子たちは、そこだけしか見ていない。なぜなら、シンデレラが舞踏会に行くまで、どんなにひどい状況に置かれていたかについては、まったくのノータッチなのだから。

本当に重要なのは、こっちの方でなければならない。

それまでのシンデレラは、継母や義姉二人から、まるで奴隷のごとき扱いを受けて、こき使われていたのである。

寝るためのベッドさえ与えられず、寒い夜など暖炉のそばで眠らざるをえなかった。

そのため、いつも灰まみれであったことによって、灰かぶり、すなわち、シンデレラと呼ばれたのである。

シンデレラがシンデレラであるための最大の条件は、その名の通り、灰まみれになって働かなければならない状況にあったことである。

単純に、めでたしめでたしで終わる童話ではないのである。

成功者の多くは、食うや食わずの下積み時代を経験していると聞く。「シンデレラ」の物語とよく似ている。

中には、下積みの経験がなく成功した者もいるだろうが、絶対多数は、下積みのまま埋もれてしまっているのが実情である。

シンデレラは、しかし、埋もれたままではなかった。

それはそうだろう。国一番の美人なのだから。

であればこそ、普通だったら逃げ出すところなのに、何か期すところがあったからだろう、あえて耐えていたのである。

そして、いよいよそのチャンスがめぐってきた。舞踏会である。

とにかく、何とかして舞踏会に出ることができるならば、貴族以上の男どもの中から、誰か必ず声をかけてくれるはずで、そうなったら、今の最悪の状況から脱け出せる、と思ったことは容易に想像できる。

それでもダメだったら、そのとき逃げ出せばいい、と。

結果として、王子から見初《みそ》められたわけだが、彼女にとってみれば相手は誰でもよかった。

今の不幸から脱け出せるのなら、どんな男だろうが、かまわなかった。

それくらい、彼女は追い詰められていたはずである。

アニメや実写の映画やドラマなどでは、彼女は、舞踏会に行けるようになったのを、まるで夢を見ているようだ、と必ず口にしている。

そうではない。そんな甘っちょろいことではなく、ある意味、人生を賭けていたのである。なりふりなどかまう余裕などなかったのだ。

そして、その必死さによって、王子のハートを射止めたのである。

シンデレラがシンデレラであるためには、この上なく不幸でなければならず、ただ王子がやって来るのを待っていただけではダメなのである。

＊

女の子がシンデレラにあこがれて夢を見るのはけっこうなことだが、そのためには、夢でなく現実の厳しさに耐え抜く精神力と根性が絶対的に必要なのである。

「シンデレラ」の後半こそ夢物語だが、前半は、あくまで現実的である。

シンデレラになるためには、王子が来る前に、社会の荒波を経験し、それに耐えなければ、シンデレラにはなれないし、なる資格はない、と言っても過言ではない。

それから、ただ、美しいだけでも、ダメなのである。

美しいだけでいいのは、生まれついてのお姫様だけである。

では、何が必要かと言えば、もちろん頭の良さ、である。

それこそが、ガラスの靴の片方を落として去っていったという行為に他ならない。

あの靴は、魚をおびき寄せるための餌なのだ。

かくして、白馬に乗った王子が迎えに来てくれることになったのだから。

＊

白雪姫は、世界で一番の美人だったがために、継母から何度も殺されかけた。女の敵は女である、ということを、この童話は教えてくれる。そして、美しさは犯罪を生じさせるとも。

彼女はお姫様であるにもかかわらず、城から追い出されて、森で殺されそうになったところ、家来がかわいそうと思って、殺さなかった。

しかし、たとえ殺されなくとも、森の中にひとり置いてけぼりにされたら、狼から食い殺されるか、飢え死にする運命にあったわけで、見逃してくれたからと言って、命拾いしたわけでは決してない。

たまたま、七人の小人たちが助けてくれたから良かったものの、出会わなかったら、死は免れなかったろう。

ひとつ言えることは、童話の美人は、必ず助けてくれる人がいることである。シンデレラで言えば、フェアリーゴッドマザーに当たる。このことは、運が良いと言うことでもある。

しかし、問題は、その後である。

一難去って、また一難。今度は継母から直接、殺されかけるのだ。

一度目は仕方がない。初心者だし、人を疑うことを知らないお姫様なのだから。

が、二度目ともなると、少しは用心しそうなのに、その気配はまったくなく、言われるままであった。

そして三度目である。さすがに少しは用心したようだが、結局、毒りんごをかじってしまった。

継母の白雪姫を亡き者にしようとするその執念には、ただ感服する他ない。

なぜそうまでして、殺そうとしたかと言えば、自分が世界一の美人であることへの執着心である。

女の子は誰しも、美しさを追い求めるが、美人は美人でけっこうたいへんなのだ、ということを「白雪姫」は教えてくれる。

イギリスの作家、トーマス・ハーディーの「テス」という小説がまさにそうである。

たとえどんな美人であっても、頭が良くなかったら、その分余計に不幸になる、というのがテーマみたいな作品である。

白雪姫の場合、偶然にも王子が通りかかって、仮死の状態であった彼女にキスをして、生き返ることができたから良かったものの、もし誰も通りかからなかったら、そのまま死んでいただろう。

しかし、もし、通りかかってキスしたのがガラの悪い男だったら、彼女は生き返ったであろうか。いや、そうはならないだろう。

そんな男といっしょになるくらいだったら、そのまま死んでしまった方が逆に幸せだっただろうから。

言うならば、美人であっても、運が良くないと、幸せにはならないということであり、幸せになる条件は、美しさよりもあくまで幸運ということである。

眠り姫は、魔女にかけられた呪いで、百年の眠りについた。

これを不幸であると言ってもいいものなのか迷うところであるが、生きてはいるのだから、奴隷状態のシンデレラや、何度も殺されかける白雪姫よりは、まだましかもしれない。

それにしても、と思うのは、各国の王子のことである。

美人の姫が眠っているという茨の城へ、ただそれだけの理由で、姫を救出しようと、こぞって目指して行ったのだから。

これではまるで、美人のためなら、たとえ火の中、水の中、どこまでも追い求めるという、男の浅ましさみたいものが見える。

どういう姫であるかは、問題ではないのだから。

だが、これに関しては、女性も似たようなところがある。

それは、「シンデレラ」で、舞踏会に行ってはいないという完全なアリバイがあるにもかかわらず、いくら国中の娘たちにガラスの靴をはかせよという御触れが出たからといって、堂々とはこうとするその神経がわからない。

そこには、ダメ元でも、もしぴったりだったら、王子のお嫁さんになれるかもしれないという下心がありありなのだ。

そして相手が王子だったら、どんな人間だろうが、かまわない、という現実的な考えがある。まるで、愛情など、二の次であるあるかのような。

こうしてみてくると、男も女も、目クソ、鼻クソ、と言うことができる。

＊

「美女と野獣」は、たとえ野獣であっても、美女と結ばれるという、ある意味、男の願望をかなえてくれるようなお話である。

美男だけに美女を独占されてなるものか、という。

＊

なぜ、美女は野獣に恋したかと言えば、野獣の心やさしさにひかれたから、ということになっている。

だが、そうではあるまい。

それは、野獣でありながら、立派な城に住み、何不自由ない生活どころか、とても優雅な暮らしぶりだったことが、もっとも大きな要因でなければならない。

ただの野獣に、誰がほれるか。それも、美女が。

いくら心やさしいと言っても、全身が毛むくじゃらの男に抱かれたいと思う女性はいないはずである。

なぜなら、見た目をもっとも重視する女性は、そんな野獣に対して、生理的嫌悪感を覚えるからである。

にもかかわらず、それでもいいと許容したのは、まるで王宮での生活のような暮らしぶりがあったからに他ならない。

ここにこそ、あくまで現実的な女性の本性がイカンなく発揮されている。

たとえどんなに醜悪であっても、贅沢三昧できるのなら、いっしょになってもかまわない、と。

ここからわかるのは、女性にとっての男の最大の魅力は、やはり経済力である、ということだ。

つき合うのはイケメンでも、結婚するなら資産家。資産家でイケメンなら、なおよい、と。女性がそうまで現実的にならざるをえないのは、子どもを生み、育てなければならないという宿命があるからに他ならない。これはもう、本能である。理屈ではない。

そこのところが、いつまでたっても子どものままの男との、大きな違いである。

夢を見るのは結構だが、夢では食えないのだ。

*

もっとも現実的な童話と言えば、「人魚姫」である。

彼女は、愛する王子に会いたいというそれだけのために、足をもらう代わりに、その美しい声をギセイにしなければならなかった。

普通、こんなことはできない。だが、これこそが、本当の愛情というものなのである。

おかげで、王子と会うことはできたが、声を出せないために、なかなか通じ合うことがなかった。

結果、王子は、他のお姫様と結婚することになり、人魚姫は失恋したのである。

このままでは、海の泡となって消えてしまうが、それを避けるには、愛した王子を殺せば、もとの人魚に戻れる、と魔女から言われた。

彼女は、一度は、王子を殺そうと決意するが、やはりできずに、海の中で泡となった。

彼女は、愛のために生き、そして愛のために死んだのである。悲劇である。だが、人魚姫は決して後悔などしていないだろう。長々とくすぶった人生ではなく、愛を貫き、短くとも美しく燃えた、すばらしい人生だったと。

それは、女性特有の打算などというものはいっさいなく、あくまでも純粋な愛の姿なのであった。（佐野）

＊

「シンデレラをいじめる継母の気持ち、よくわかったわ。若くてきれいというだけで、不愉快なの」（ドラマ・エイジハラスメント）

＊

白馬に乗っているからと言って、それが必ずしも王子であるとはかぎらないし、馬も白く塗られただけかもしれない。（佐野）

四　失恋による不幸

不幸のひとつが、失恋である。

受験の失敗は、失敗する確かな理由があったからで、言わば、自業自得と自分を納得させるのは容易なことである。

だが、失恋となると、事はそう単純ではない。

なぜなら、相手が存在する問題は、とかく面倒くさいからである。

なぜなのだ、自分のどこがいけなかったのだ、どうして自分ではダメなのだ、などのギモンが次々と出てきて自責の念にかられる。

または、振った相手を逆恨みすることにもなる。

しかしながら、男女の色恋の問題ばかりはどうしようもない、というのが正直なところだ。

と言うのも、好き嫌いの多くは、生理的なものだからである。

何となく、その相手を受け入れたくない、というただそれだけの理由が、おそらく半分を占めるだろう。

それだけに、この不幸には、特効薬がないのである。

受験の失敗の原因はすべて自分にある、といやでも納得せざるをえないが、失恋はそうではないだけに、かなりきつい不幸だと言うことができる。

それでも、逆に、失恋は、別の人を好きになれるという権利を手にしたのだ、と考えることはできる。

人は人生のうちで、何度も恋をする生きものである。だから、一度や二度の失恋というのは、人生においては、ある意味、想定内のことだと言うことができる。

それに、失恋することによって、少しは人を見る目が養われるはずである。

幸せへの道は、茨の道なのであり、不幸を積み重ねることによってのみ、通じるものなのだ。

人間は、若いうちに、立ち直れないくらいの打撃を経験した方がいい。

なぜなら、一筋の光というものは、暗闇の中でしか見えないのだから。

＊

花にはいろいろな種類があって、それも、それぞれが季節によってしか咲かない。

春は桜、夏はひまわり、秋はコスモス、冬の水仙と、すべてに特徴があって、趣がある。

桜のような人に失恋したからといって、ひまわりやコスモスや水仙みたいな人もいるのだから、自分にあった花を見つけることである。

それに、最初に見たバラの花だけが、バラの花ではない、という格言もある。（佐野）

五　受験の失敗による不幸

もうひとつの不幸が、受験の失敗である。

しかし、この失敗は、決して不幸なことではない。

それどころか、むしろ、これからの人生のおいて少なからず寄与するからである。

なぜなら、人は、失敗したり、敗れたり、挫折することで、自分に目ざめるからである。

言うならば、冷水を浴びせられて、頭も体もシャキッとなるのだ。

夏目漱石も受験に失敗したことがあって、後にこう回想している。

「失敗してよかった。あのまますんなり合格して進学していたら、どんな人間になっていたことか。そう思うと、ゾッとする」

そうなのだ。失敗、敗北、挫折は、マトモな人間にしてくれるきっかけとなるのである。

なかには、そのためにダメになることもあるだろうが、それはもともとがダメ人間だったから、と言うしか他にない。

そこで思い出されるのが、京都の伏見工業高校ラクビー部のことである。

弱小チームだった部員たちは、強豪校のチームと試合して、百点差以上もの大差をつけられて完敗した。それも、彼らは零点だった。

であるにもかかわらず、彼らは別にどうということもなく、やっと終わったか、などとサバサバしていた。

初めから負けるとわかっている試合だったから、負けても何とも思わなかったのだ。

そんな彼らを見て、監督は怒りを爆発させた。そして、こう怒鳴った。

「相手が百点なのに、何でおまえたちは零点なのだ。同じ高校生なんだぞ。こんなことになっても、おまえたちは何ともないのか。悔しくはないのか！　オレは悔しい。泣きたくなるほど悔しいぞ！」

監督の言葉を聞いて、それまでヘラヘラしていた部員たちの態度が一変した。

「悔しいです！」

負けることに慣れていた彼らが、目覚めた瞬間だった。

それから一年後、猛練習を積んだ彼らは、同じ強豪校と再び試合をして、みごとに零封負けの雪辱をはたしたのであった。

そこでは、「為せば成る」の格言は、色あせる。その言葉からは必死さや本気度が伝わらないからである。

人間、為すだけでは、ダメなのである。

それまで、ヤル気のない、何事もマジメに取り組まなかった部員たちは、このときの屈辱的な敗戦を機に、これを糧として、その後、立派な社会人として巣立って行ったのであった。

受験の失敗も、それを生きる糧とすることで、ある意味、目がさめて、本気になるためのきっかけとなるならば、とてもよい経験となるのである。（佐野）

あえて言う。

＊

結婚は人生の墓場である。そんな、人生の失敗に比べたら、受験の失敗など、失敗のうちには入らない。（佐野）

六　赤い糸

赤い糸、というとき、そこには必ず、運命の、という修飾語がついている。

そして、この言葉は、夢とか希望くらいのとてもよい言葉である。

しかも、この言葉は、夢や希望のようにばく然としてつかみどころがないのとは違って、赤と糸という具体性があるだけに、より現実味があると言うことができる。

また、何よりも、運命の赤い糸、という言葉からは、幸せを約束するようなすばらしいものを連想させてくれるのである。

たとえば、女の子にとっては、白馬に乗った王子が、赤い糸に引き寄せられて、ひょっとしたら自分を迎えに来てくれるのではないか……とか。

しかし、残念ながら、糸は、所詮、糸であって、綱ではない。

あまりにも細く、しかも切れやすい。

そのような、はなはだ心もとない糸で結ばれている関係が、はたして幸せを約束してくれると言えるのか。

せいぜい、何もつながっていないよりはマシ、な程度ではないのか。

それから、何事にも賞味期限というものがある。

どんなに強い綱であっても、年々劣化がすすむと、いつのまにかボロボロになってしまうわけで、ましてや、それが糸となると、劣化するのもあっという間であろう。

と言うことはつまり、赤い糸というのは、ただ結び着けるだけの存在であって、その後のことまでは、いっさい責任を負わない、ということなのだ。

したがって、いつ切れてもおかしくないような、そんな赤い糸に頼ったり、すがったりするのは、ある意味、情けないことではないだろうか。

が、当然のこと、その逆もある。

言うならば、切りたくても切れない関係に陥ることである。

初めはただの糸だったものが、年とともに強固になっていって、ついには離れられなくなった、ということが。

つまり、別れることができるのは、糸の段階だから可能なのであって、これが綱、さらにはチェーンになってしまったら、せっかくの運命の赤い糸も、実体は腐れ縁の最悪の糸だった、ということになる。

そもそも、運命とは決して良い言葉ではない。

また、運命と言えば、ベートーベンの第五交響曲である。そしてこの曲は、明るい希望に満ちたものとは真逆の暗く厳しく激しい曲である。これすなわち、運命とはそういうものなのだということを表現しているのである。

運命には逆らえない、運命を受け入れるしかない、運命にしたがう、という句からは、仕方がない、として、無理に自分を納得させて、身を引かせるというあきらめの意味ばかりである。

この場合、ニュアンスとして、本来の意味としての、運命の赤い糸とは、まさに、天と地ほどの差があるわけである。

したがって、我々が使っている運命の赤い糸とは、実は、悪縁のことを意味していた、と言うことができるのではないか。

＊

以下は、佐野作である。

赤い糸　十年経ったら　変色し

赤い糸　もともとは　ただの糸

赤い糸　嫌いな人と　つながった

赤い糸　つながる相手が　切っていた

赤い糸　赤く見えてた　だけの糸

赤い糸　赤くなくても　まあいいか

赤い糸　つながっても結婚　しないやつ
赤い糸　真っ赤なウソに　よく似てる
赤い糸　青い糸では　ダメなのか
赤い糸　赤の他人と　どう違う
赤い糸　信号機なら　すぐ止まれ
女の子　赤い糸より　白馬の王子
こんなことなら　ない方がよかった　赤い糸
早まるな　すぐにはわからぬ　赤い糸
赤い糸　仕方がないさ　運命だ

赤い糸　それを信じたが　救われぬ

赤い糸　現実は　アカン糸

赤い糸　裏切られて　早十年

一本ではなく　何本もあった　赤い糸

赤い糸　確かにそのときは　見えていた

糸見ると　どれも赤いと　錯覚し

赤い糸　誰にもあるさ　カン違い

赤い糸　信じた自分が　バカだった

赤い糸　エン結びの神と　対立し

赤い糸　若い頃は　そう見えた

結局は　一本もなかった　赤い糸
別れたが　どうしても切れない　赤い糸
赤い糸　なぜか相手は　ストーカー
全集中　しても見えない　赤い糸
女の子　ルージュで染める　赤い糸
真っ赤なウソと　まちがえる　赤い糸
赤い糸　だが赤いものには　トゲがある
失恋し　もうどうでもいい　赤い糸
赤の他人と　つながっている　赤い糸

赤い糸で　つながっていた　赤穂浪士

本命とは　やたらとからまる　赤い糸

＊

本歌どり　またはパロディー編

つながらぬなら　縛ってしまえ　赤い糸

つながらぬなら　つないでみせよう　赤い糸

つながらぬなら　つながるまで待とう　赤い糸

赤い糸　さよならだけが　人生さ

夢ならば　絶対さめるな　赤い糸

ライバルが　何人もいた　赤い糸

夢ならば　さめてくれよと　赤い糸

赤い糸　ああ赤い糸　赤い糸
赤い糸　これだけ書けば　十分か
運命に　ほんろうされる　赤い糸

*

これが一番の自信作である。

恋愛ドラマの定番ストーリーが、まさにこれである。
遠回りしたり、道草をくったり、ライバルが登場したりなど、ウヨキョクセツしながら、最後はめでたしのハッピーエンドで終わるという。

また、いくら赤い糸で結ばれているからといって、真っすぐな一本道で直接つながっているわけではない、という意味もある。

そして、過酷な運命にほんろうされながらも、決して切れることのないのが、本当の赤い糸である、と言うことができる。

*

糸にちなんだ言葉が、絆である。
これも、とてもいい言葉である。
人と人との間のぬくもりや信頼関係を連想させる。

がしかし、これは、糸よりも弱い。

なぜなら、漢字で、糸の半分と書くからで、その結び付きは、糸よりもさらに弱いものとなる。

＊

絆という言葉は、家族の、が省略されている。
ということは、家族の結び付きは、もともと糸より弱かったわけである。
遠くの身内よりも近くの他人、という句は、そのことを言ったものなのだ。

七　仕事について

人間ちゅうもんは、何を持って生まれたか、いろいろやってみんとわからんもんもんや。

（不詳）

＊

人間は、自分の器量がともかく発揮できる場所を選ばなければならない。（秋山好古）
向いていなければ、さっさとやめる。

＊

仕事を選ぶ上でもっとも大事なことは、適性である。
これなくば、仕事は苦行以外の何物でもない。（佐野）

＊

草食動物は肉食動物から逃げることができなければ、また肉食動物は草食動物を捕えなければ、そして人間は、仕事をしないと、それぞれ生きてはいけない。（佐野）

＊

穏やかな海は、熟練した船乗りを育てない。（アフリカのことわざ）

＊

仕事は生活していくための手段であり、学校での勉強は、一人前の大人になるための条件にすぎない。

したがって、そういうものに対して優劣をつけることに、いったい何の意味があるのだろうか。（佐野）

＊

ボール拾いにだって集中力はいる。

仕事にはいろいろなものがある。興味もあり、自分の能力を十分に生かせると思える仕事もあれば、無意味でひどくつまらないと思える仕事もあるだろう。

しかし、あなたが自分の将来に高い志を抱くならば、個々の仕事の内容と、あなた自身の仕事に対する姿勢とは、関係ないのである。

将来は、今という瞬間に集中し、なおかつ全力を尽くせる者だけに開かれている。

（カール・リプケン）

＊

極論すれば、社長になる人以外は全員がどこかの段階で左遷《させん》されるのです。

だから、左遷されても、別に不幸なことでも、恥ずかしいことでもないのです。（出口治明）

＊

左遷される人が多数派。（出口治明）

※それはつまり、不幸と思われている人が絶対多数と言うことであって、自分ひとりが不幸だと落ち込むことはない、と。

事業に百パーセント安全なものはない。またリスクのない決定は、決定とは言わない。

（立石一真）

＊

ただ食えて、生命をつないでいるだけじゃ辛いよ。

たとえ生活の不安がなくても、毎日が実に空虚だし、実際、むなしい。

何を自分はほんとうにやりたいのか。そうなってからじゃ、もう遅いんだよなあ。

（岡本太郎）

＊

仕事とは、所詮、生活の手段にすぎない。であるにもかかわらず、その優劣がそのまま人生や人間の優劣に直結し、そうみなされている。勝ち組とか負け組とか。

人は仕事をするために生まれてきたわけではないし、人生イコール仕事でもないはずである。

それに、すべての仕事には、必ず適性があるものだ。（佐野）

＊

人生の意義を、何と考えるか。

それが、仕事であっていいのか。（佐野）

＊

組織が腐っている時、自分が所を得ていない時、または成果が認められない時、辞めることが正しい道である。

出世はたいした問題ではない。（ドラッガー）

＊

いつの時代から仕事をしないと人は生きていけなくなったのだろうか。

中には、仕事を取ったら、後には何も残らないと言う人もいるし、はなはだしきは、仕事のために、家族その他すべてをギセイにする人さえいるほどである。

つまり、仕事が人生のすべてである、ということである。

生きていく手段にすぎないのに……。（佐野）

＊

仕事ができる人間と言うのは、だいたいにおいて人間ができていないものである。（佐野）

＊

いくら本人が、その会社に定年まで勤め上げたいという意欲があっても、会社がそれまで存続しているとはかぎらない。（佐野）

＊

仕事をしていると、いやでもストレスが溜まっていく。

そこで医者に診てもらうと、かならずこう言われる。

「ストレスを減らしなさい」（佐野）

＊

テレビドラマで、主人公が辞表を出すシーンがよくある。そのとき上司は必ずといっていいほど、「あずかっておく」ということになっている。なぜか。
それは、主人公だからはもちろんだが、彼が有能だからに他ならない。
しかし、現実は、倍返しに同じで、ほとんどありえないことである。（佐野）

＊

スランプって、ないんですよ。
トップに立とうと思っていませんから。（和田誠）

＊

社会的な成功は、必ずしもその人の幸福を約束するものではない。
それどころか、家庭が不幸なことの方が多いというのも、皮肉なことである。（不詳）

＊

超優良企業のエリート社員のなかにも、必ず窓際族はいるのである。

＊

仕事の苦しさに耐えられないなら、仕事を変えよ。（英国のことわざ）

＊

仕事上の成功が必ずしも人生での成功になるとはかぎらない。
なぜなら、人は仕事をするために生まれ、生きてきたわけではないのだから。
生きるための手段は、所詮、手段にすぎなく、決して目的とはならない。（佐野）

＊

たとえ自分にもっとも適した仕事につくとこができたとしても、職場での人間関係が悪かったならば、それは適していないことと同じである。
すなわち、職場の環境は、適性にまさると言っても過言ではないのである。
天職とは、個人でできる仕事のことに他ならない。（佐野）

八　成功と失敗

成功とは、「守るもの」ではなく、次の成功のために「使うもの」。（不詳）

＊

何事も成功するまでは、不可能に見える。（ネルソン・マンデラ）

＊

事業の成功が人生の成功になるとはかぎらない。また、人生の成功が本当の成功であるとは断言できない。

なぜなら、成功する者は、ごくごくわずかだからであり、しかも今日の成功が将来の成功まで保証することはできないのだから。（佐野）

＊

人が成功する裏では、必ず何か大事なものを失っている。だから、成功できるのである。（佐野）

＊

失敗ということはない。早々にあきらめてしまうことが、失敗なのだ。（ジョナス・ソーク）

＊

「私、失敗しないので……」

あるテレビドラマの主人公の決めゼリフである。

失敗する確率がほとんどない手術ばかりしていたことでもなければ、こんな決まり文句は吐かないし、吐けない。

それに、成功する確率がわずか数パーセントしかない難手術をする医師は、こんなゴーマンな言葉は絶対に口にしない。

作り事にしても、あまりに傍若無人な口のきき方である、と言わなければならない。

こんな医師からは、手術を受けたくない。（佐野）

＊

失敗しないことは、そんなにいいことなのか、すごいことなのか。

成功ばかりしている人間に、ロクなのはいない。（佐野）

＊

失敗に達人というものはいない。人は誰でも失敗の前には凡人だ。（プーシキン）

＊

私は失敗を恐れたことはない。よいことは、必ず失敗の後にやってくるのだから。

（アン・バクスター）

＊

他人の失敗から学びなさい。すべてを自分で体験できるほど、長生きはできないのだから。

（マーク・トウェイン）

成功とは、小人《しょうにん》どもの名誉のことである。（エッシェンバッハ）

＊

成功とは結果であって、目的ではない。（フローベル）

＊

成功しないということは、感謝すべきである。少なくとも、成功は遅く来るほどよい。その方が君はもっと徹底的に自分を出せるだろう。〈成功するのが遅いほど、その成功は長続きする〉（モロー）

＊

芸術家には盆も正月もない。苦しみの中から本物は生まれる。本物になりなさい。できるだけ遠回りしなさい。（山入端博）

＊

人間にとって、成功とはいったい何だろう。結局のところ、自分の夢に向かって自分がどれだけ挑んだか、努力したかどうか、ではないだろうか。（岡本太郎）

＊

成功のヒケツは、数度の失敗くらいではくじけないことであり、そのことを想定内とすることである。（佐野）

＊

成功不成功は、人格の上に何の価値もない。（田山花袋）

＊

英雄偉人と言えど、バカならざるはなし。

なぜ、英雄偉人となったかと言えば、バカであることを貫き通したからであって、なれなかったのは、それができなかったからに他ならない。（佐野）

＊

失敗は成功への一過程である。

ゆえに、失敗を経なかった成功は、本当の成功とは言えない。ただ、運が良かったにすぎない。（佐野）

＊

成功は、実に多くの敵を作る。

成功して（勝者になって）敵を作るか、成功を捨てて（敗者になり）友を作るか、どちらかしかない。（映画・アメリカンギャングスター）

＊

以前、日本のある放送局が、モスクワオリンピックの独占放送権を獲得した。その放送局は、大金星を挙げたとして、それに尽力した重役を大絶賛した。次期社長になるのは間違いなし、と言われた。

ところが、ソ連がアフガニスタンに侵攻したことがきっかけで、日本を含む西側諸国は一斉にモスクワオリンピックをボイコットしたのである。

結果、その放送局は大損害を被り、重役は、その五年後に亡くなった。

＊

勝敗を分かつものは、必ずしも能力の優劣ではない。

敗者の敗因は、能力に欠けるところがあったため、と言い切れない場合だって多々ある。

成功不成功は、その人間の能力と運命、偶然の兼ね合いである。

しかも、この兼ね合いの辛いところは、それが足し算や引き算ではなく、掛け算の関係になっていることだ。

人間の才能には小数点以下はあっても、マイナス点はないが、運にはマイナス運というのがある。これを掛けられると、能力や才能のすべてが逆に巨大なマイナスと化してしまう。

成功者という最後まで幸運に恵まれた人とは、ある面からいうと、このマイナス運を掛けられることが遂になかった人ということができよう。（会田雄次）

＊

成功は、人を頑固にする。（佐野）

＊

赤ちゃんは、何度も何度も転びながら立ち上がり、歩けるようになる。

自転車も何度も何度も転びながら、乗れるようになる。

人間はみんな失敗を経験して、失敗から学んで成功しているのだ。（不詳）

＊

成功の反対は、失敗ではなく、何もしないこと。（不詳）

あきらめないことが、いつでも誰にでも推奨されている。

あきらめさえしなければ、何事も成し遂げることができるかのごとくである。

しかし、それはたまたま運が良かっただけであって、あきらめなかったからではない。

なぜなら、成功した人の話だけが、本やテレビなどで紹介され、世間に広まっているだけだからである、
そもそも、ほんのひとにぎりにすぎない成功者の陰に、どれだけ多くの失敗した人たちがいただろうか。

そして、その中には、決してあきらめなかった人もけっこういたはずである。

にもかかわらず、成功しなかったのは、おそらく成功する前に力尽きからではないだろうか。

スエズ運河を開通させたレセップスは、パナマ運河にも挑戦したのだが、いろんな問題があって、結局、挫折して、断念せざるをえなかった。

それを引き継いだアメリカ人は、運河がおよそ八割ほど出来ていたのに、なぜ事業から撤退したのだろうと、不思議に思ったそうである。

あきらめるな、と言うのはカンタンだが、そのことがどれだけ大変かは、言う奴にはわからない。だから、安易に口にするのである。（佐野）

＊

先に行動があって、それが成功をおさめると、あとからもっともらしい理屈をつけて、成功したのは当然の理由があったかのように自慢したがる。

それが、人間の業《ごう》なのです。（不詳）

＊

失敗は必ず経験しなければならないことである。

なぜなら、挑戦とは、ある意味、失敗の別称なのだから。（佐野）

＊

人生とは、失敗からできている。

だから、たまに成功する人が有名になるのである。（佐野）

＊

努力をしないで成功することがある。
だが、それは、本当の成功ではない。ただ、ツキがあっただけのことである。（佐野）
生きるとは、失敗することである。そしてそこから、成功を目指して立ち上がって行くのである。（佐野）

＊

チャンスをつかみとらなければ、チャンスとはならない、という。

だが、それは誰にでもできることではない。

なぜなら、まずチャンスをチャンスと認識できる素養やカンを必要とするからである。

刑事ドラマでよくあるのが、容疑者のアリバイが、身近な人間の何でもない会話の中に、それを崩すヒントを見い出すシーンがある。そして、こうつぶやく。

「そうか、そういうことだったのか……」

たとえ、チャンスがチャンスとわかったとしても、それをうまく生かせるには、それなりの技量がいるし、さらにそうする決断力も欠かせない。

わずかに決断するのが遅かったために、せっかくのチャンスをみすみす見逃したということはよくあることだ。

身近な例で言えば、以前から欲しかったものが店頭に並んでいる時、たまたま手元にそれを買うだけのお金がなかったとする。

「よし、明日、お金を持って買いに行こう」

ところが、翌日、喜び勇んでその店に行ってみたら、昨日は確かにあったものが、なくなっていた。

「えっ⁉」

店の人に聞いてみると、昨日売れてしまった、という返事。

では、どうすればよかったのか。

それは、すぐに店に入って、持っているお金を全部はたいて、手付けを打っておくことである。

さもなくば、店の人に取り置いてくれるように頼んで、すぐに家に帰ってお金を持って買うことである。

本当に欲しいものなら、そこまでするはずで、翌日に持ち越したのは、それほどまでに欲しくはなかったことになる。

本当に好きで好きでたまらない相手には、一度断られたくらいでは、絶対あきらめずに必死になって何度も何度も求愛するはずである。本気とはそういうことである。あきらめるのは、いつでもできる。（佐野）

＊

成功体験とは進歩を阻害するだけのものである。（佐野）

＊

たった一人の成功者の陰に、いったいどれだけ多くの失敗者たちがいたことだろう。（佐野）

＊

勝利から学ぶものは何一つない。だが、敗北は大きな知恵を授けてくれる。中でも、とりわけ勝つことの喜びを。

（映画・プロバンスの贈り物）

＊

成功の基準は人それぞれ異なっている、自分の人生の志《ビジョン》の達成が成功である。ビジョンの有無がその人の若さのメンテナンスにつながる。（森村誠一）

＊

一夜にして成功するには、十年かかる。（ウッディ・アレン）

＊

人生に満塁ホームランはない。ゴロやバントを狙え！（藤田田）

＊
成功は悪くない。
悪いのはただ、飲めば飲むほど渇きを産む塩水なのだ、成功は。（大岡信）

＊
成功体験とプライドは、身を滅ぼす元となる。（佐野）

九　人生について

何でそんなに苦労するんだ、と聞かれて、楽《らく》したいからだ、と答えた。（桂歌丸）

＊

天気予報――あんまり当てにできないとわかっていても、しっかり当てにしなければならないもの。

いつも思うのは、予報が完全にはずれても、予報官たちがその責任を取ったという話をついぞ聞いたことがないという事実である。

もし、そんなことにでもなったら、予報官や予報官になりたい者は誰もいなくなってしまうだろう。

それにしても、失敗が失敗とみなされない職場は、うらやましいとつくづく思う。（佐野）

＊

生きていれば、それも長く生きていれば、ハゲになったり、白髪になったり、シワだらけになったりするのは、自然のことである。

そうなるのがいやだったら、そうなる前にこの世からおさらばすればいいことである。

（佐野）

志は人それぞれ異なり、成功の判断基準も本人次第のはずである。（森村誠一）

＊

面白くない人生なんてない。
一見退屈そうでも、内にはドラマがあり、コメディーがあり、そして悲劇がある。
（マーク・トウェイン）

＊

一握りのエリートや犯罪者を除いて、大多数の人生は一見退屈な、同じような毎日の繰り返しの中にある。

そんな日常こそが、人生というものである。（不詳）

＊

映画とは、退屈な部分がカットされた人生である。（ヒチコック）

＊

負けるが勝ち、ということもあり、負けたところで別に大したことでもない。
（松永安左衛門）

＊

意気地さえあれば、失敗などというものは人生にないと思う。
そして、失敗によって人は鍛えられるのだ。（松永安左衛門）

＊

レヴェルアップを目指すのはいいことである。向上心を持つことだから。ただ、問題がある。それは、本人がそれについて行けるかどうか、である。現状を維持していくことで精一杯であったら、しない方が無難である。腹をさらに大きく膨らませた蛙は、パンクしてしまった。（佐野）

＊

若いときは常に、心に何かしらぽっかりと穴が開いているものだ。それで、その穴を埋めようとして、何かに熱中するわけである。そして、それができないと、何となく死ぬことを考えたりしてしまう。では、なぜ大人になったらその穴が埋まるのか、埋まったように思えるのか。それは、家庭や家族を持つからである。自分一人のことを考えることができなくなるからである。

つまり、家庭や家族に束縛されるからであると同時に、悩む自由もなくなるからである。思うに、自由のないところに、悩みもまたないのである。（佐野）

＊

誰かが試合に出るということは、誰かが試合に出られない、ということである。（不詳）

＊

長い階段には必ず踊り場がある。

＊

人生にも、停滞や休みがあるように、それは必要なものなのである。（佐野）

人生は、一本道ではない。寄り道、道草、回り道、近道、といろいろある。（佐野）

＊

語る資格のない奴にかぎって、やたらと人生を語る。（佐野）
※私もそのひとり

＊

七・五・三や銀婚式、金婚式、それにカンレキ・コキなどを祝う習慣があるのは、目出度いからではない。

ただ単に、昔はそれがきわめて珍しかったからにすぎない。（佐野）

＊

人生、何が正解か、わからない。（菊池桃子）

＊

われわれは、決して自分の思いどおりに生きるのではなく、生きられるかぎりのところを生きているのだ。（メナンドロス）

＊

われわれの一生は短い。

であれば、できるだけ楽な、苦しみのない一生をこそ過ごさねばならない。（エウリピデス）

＊

じっさいわたしたち人間には、自分の財産などといえるものはまったくないのであって、ただ神々のものをお預《あず》かりして、保管しているにすぎない。

そして、神々のお望みとあらば、それらをふたたび取り戻されてしまいます。

栄光とは、はかなく、ただその日かぎりのものです。（エウリピデス）

＊

人間誰しも死なねばならぬ。そして明日の日を生きておれるかどうか、確実に知る者など誰もいないのだ。

運のことは、一寸先は闇、教わることも、巧みに用いて捉えることもできないのだから。であれば、このことをしっかりと耳にとめ、わが言葉から学んで、元気を出すのだ。さあ、飲め。

お前の命はその日限りのものと思い、ほかのことはみな運にまかせるのだ。（エウリピデス）

＊

見た目を飾るな、美はいとなみ（生き方）の中にこそありと知れ。（タレス）

＊

耐えがたきを耐え、忍びがたきを忍んで、また苦労に苦労を重ねてまで、さらにはそれらのことが報われないとわかっていても、それでも生きて行かなければならないことに、まっとうな理由があるのだろうか。（佐野）

＊

一難去って、また一難。

人生は、まさにこれの繰り返しである。

たとえば、難がないことが幸せの条件だとするならば、こんなつまらない、生きるに値しない人生もないのではないか。（佐野）

＊

人はなるべく楽をしようと生きていて、常に効率のことを考えている。しかし、時に、効率的なことが、逆に非効率的なことがある。（佐野）

＊

我々の人生の前半は、両親によって台無しにされ、後半は子供たちによって台無しにされる。（クラレンス・ダロー）

＊

適性ばかりは、どうしようもない。
たとえ才能に恵まれたとしても、適性がなかったら、宝の持ち腐れとなる。
いくら走るのが速いと言っても、短キョリと長キョリとでは、まったく違う。
百メートルを速く走る者は、決してマラソンは走らない。（佐野）

＊

才能ある者や恵まれた環境にいる人間にとっては、人生はどう生きるか、である。

しかし、そうではない一般人にしてみれば、苦難の道、茨の道をどう生き抜くことができるか、生きられるか、なのである。（佐野）

＊

人間、死ぬまでは、幸運な人と呼んでも、幸福な人と申すのは差し控えねばなりません。

（ヘロドトス）

ツケはいつか必ず回ってくる。時には、子や孫の代にまでも。（佐野）

＊

生きることと生きていることは違う。

生きているとは、夜寝るとき、このまま二度と目をさまさないのではと恐れながら寝て、翌朝目がさめて、ああ良かった、と生きていることを喜ぶことである。

彼にとって、どう生きるかは二の次のことであって、生きていることが生きることなのである。（佐野）

＊

人生は自分探しのためにあるのではない。

自分自身を築き上げていくためにある。（ソロー）

＊

苦痛なくして、勝利なし。いばらなくして、王座なし。苦患なくして、栄光なし。受難なくして、栄冠なし。（ウィリアム・ペン）

＊

人生で最も輝かしい時は、いわゆる、栄光の時ではなく、むしろ落胆や絶望の中で、人生への挑戦と未来への完遂の展望がわき上がるのを感じた時だ。（フローベル）

＊

根拠のない自信を持て！　ゴールのない目標を目指せ!!（島本和彦）

＊

要望と現実をすりかえてはならない。

無いものはあくまでも無いのだし、欠けているものはあくまでも欠けているのだ。

素直にまずそれを凝視《ぎょうし》することから始めるべきだ。（林達夫）

＊

この道を行けばどうなるものか、危ぶむなかれ。危ぶめば道はなし。踏み出せばその一歩が道になる。

迷わずに行けよ。行けばわかるさ。（清水哲夫）

＊

人にはそれぞれすばらしい可能性がある。自分の力と若さを信じることだ。

「自分次第でどうにでもなる」と絶えずとなえ続けることを忘れるな。（ジード）

＊

欠点の中には美点に結びついて美点を目立たさせ、矯正しない方がいい、という欠点もある。（ジュベール）

＊

人は皆、育つスピードが違う。（黒澤明）

＊

危険だという道は必ず自分の行きたい道なのだ。

ほんとうはそっちに進みたいんだ。

危険だから生きる意味があるんだ。（岡本太郎）

＊

自分らしくある必要はない。

〝人間らしく〟生きる意味を考えてほしい。（岡本太郎）

＊

人生は楽《たの》しく生きることが理想であって、楽《らく》して生きることではない。

金とヒマさえあれば、だれでも楽《らく》して生きられる。

しかし、それは楽《たの》しく生きることではない。（佐野）

＊

「おもしろうて　やがて悲しき鵜舟《うぶね》かな」

「歓楽極《かんらくきわ》まりて　哀情多し」

などのように、ほんとに楽しいことは、それが終わった後になって、急に寂しい気持ちに襲われるものを言う。（佐野）

＊

道に迷うこともあったが、それはある人々にとって、もともと本道と言うものが存在しないからのことだった。（トーマス・マン）

＊

初めに満足する者は、先に進まない。（リュッケルト）

考えたら、人生なんて初体験の連続ですよ。
青春時代から始まって、中年のぎっくり腰にいたるまで。（赤瀬川原平）

＊

他人が笑おうが笑うまいが、自分の歌を歌えばいいんだよ。（岡本太郎）

＊

どの道かを選ぶかよりも、選んだ道でどう生きるかのほうが重要なんじゃないか。
（ドラマ・僕と彼女と彼女の生きる道）

＊

ぼくの人生には目的もないし、方向性もないし、目標もないし、意味もないんだけれど、
ぼくはハッピーなんだよね。おかしいな。（シュルツ）

＊

雨に負け　風に負けつつ　生きている　柔らかき草　人を坐らす　（伊藤一彦）

＊

好きな道は、食えない。（不詳）
※多くの芸術家のことか。

＊

夢は砕けて夢と知り　愛は破れて愛と知り
時は流れて時と知り　友は別れて友と知る　（阿久悠）

人生においては、何事も偶然である。しかしまた、人生においては、何事も必然である。このような人生を我々は運命と称している。（三木清）

＊

長い人生は障害物競走の連続だから、最初のコースで勝つだけでは何もならない。（田宮虎彦）

＊

長い人生を営々と歩んできて、その果てに老耄《ろうもう》が待ち受けているとしたら、では人間はまったく何のために生きたことになるだろう。（有吉佐和子）

＊

逆境こそ精神の試練。並みの不幸なら、並みの人間にも耐えられる。（シェークスピア）

＊

定石《じょうせき》どおりの人生を生きて、何がおもしろいのか。（藤沢秀行）

＊

試合が勝負ではない。毎日の積み重ねが勝負なのだ。（藤沢秀行）

＊

人間として弱いところがなかったら、人生はわからないでしょう。（長与善郎）

＊

何もかもが上手《うま》くいくはずないのだから、何もかも上手くいかせようとするのは、間違っ

た方法論だ。（阿佐田哲也）

＊

逆風も振り返れば、追い風！（島本和彦）

＊

挫折とは、一生懸命生きた証《あか》しのことであって、ただのつまずきにすぎない。（佐野）

＊

人の一生は、死への旅にすぎない。（セネカ）

＊

楽《らく》して生きるのと楽《たの》しく生きるのは、根本的に違う。

楽するとは、経済的に恵まれているため、あくせく働かなくてもいい状態であるのに対して、楽しく生きるのは、必ずしも経済的な余裕とはあまり関係がない。

なぜなら、楽しいとは、心の持ち方ひとつなのだから。（佐野）

＊

絶望を通らぬような希望は、信じることができない。

いや、われわれに挫折や絶望がなかったら、生きるエネルギーは湧いてこないだろう。

（横光利一）

＊

健康に気をつかっていても、生き物は必ず死ぬものである。そして、病気以外のことで多くの生き物は死んでいる。（佐野）

気持ちや考えがまったくブレないとか、信念を貫くということは、たいへん立派なことには違いない。

がしかし、それは自分の考えや行動が絶対であると信じてまったく疑っていないからであって、そんな人間はたいていゴーマンである。（佐野）

＊

災難にあうときは、災難にあうがよい（良寛）とは、生きることは災難と共生することであり、災難にあわずに生きることはありえない、という意味だと受け取りたい。

言うならば、これこそが人生の本質なのである。

したがって、前途洋々とか順風満帆というのは、ほんの一瞬のことにすぎない。

なぜかと言えば、この二つの言葉はどちらも航海用語であって、航海には嵐がつきものだからである。（佐野）

＊

期待は、はずれるもの。夢は、さめたり断たれたりするもの。そして、希望の光は消えるもの。

幸せはたまには実現するが、決して長く続くことはない。（佐野）

＊

夢がかなったら、もう夢ではなくなる。

それに、安易にかなうものは、そもそも夢ではない。（佐野）

けだし、人間は不幸な生き物であり、人生は悲劇である。不幸を知らない人間は道化であり、悲劇でなかった人生は、茶番にすぎない。（小著・筑後川物語）

＊

なぜ、そう言えるのか。

それは、現実というものが、作り物のドラマや、映画、物語などの定番と言うべきお約束事の八方めでたしめでたしという予定調和で終わることなど、決してありえないからである。

そんな作り物が、我々に夢や希望、勇気などを与えてくれるものだから、まあ、やむをえないことではあるが……。（佐野）

＊

いやあ、今日まで生きていて本当に良かった……、あるいは、生まれてきてとても幸せだった、と心から感じることができるのを、人生の醍醐味と言っていいと思う。

しかし、めったにあるものではない。

あったとしても、それは現実に直視していないゆえの勘違いや思い込みであろう。（佐野）

＊

努力せずにいい結果を出したという経験は、いつかカベにぶち当たった時に、挫折に変わる。（不詳）

＊

人間、先のことがわからないからこそ、普通に何の気なしに生きていられるわけで、これで医者から余命何カ月と告げられた瞬間、突然不幸のドン底に突き落とされてしまう。

知らぬが仏と言う。

知った不幸に襲われるより、それを知らずにノーテンキで生きていることを、幸せと呼ぶ。（佐野）

＊

満たされすぎた人生というのは、それを続けているうちに感覚が麻痺し、いったい何が楽しくて生きているのかと、自分を見失ってしまう危険がある。

過剰なぜい沢や娯楽を求めることは、かえって人生の妙味を失いかねない。（不詳）

＊

歴史に名を残した人間のほとんどは、悲劇的な一生を送った。（不詳）

＊

人生はわずか紙一重の運によって決まる。

どんなに才能があっても、不運だったために、名が残らなかった人間がどれほどいたことか。

イチローほどの選手でも、仰木監督との出会いがすべてであった。

監督からレギュラーを確約されたからこそ、あれだけの大活躍が可能だったのであり、そしてそのこと自体、何よりも運が良かったからに他ならない。

このことはまた、秀吉についても言える。彼もまた、信長との出会いが、彼の人生のすべてだったのだから。（佐野）

＊

運命に逆らうことはできない。

だが、たとえムダな抵抗と言われようとも、最善を尽くすことはできる。（佐野）

＊

夢がかなうことはとてもいいことだが、重要なことは、それが本当に望んでいた、描いていた通りの夢だったのかどうかである。

こんなはずではなかった……という悔やみ言葉がずっと存在するのは、そうでなかったとの方が断然多かったからに他ならない。

夢はかなえるだけでは十分ではない。それに十分満足しなければ、本当にかなったとは言えない。

現実というものは、ふくらませた期待や希望、そして夢をしぼませるものなのだから。（佐野）

＊

ある年配の人が、長生きのヒケツを問われて、こう答えた。

「憎まれることだ。いやな奴だと思われることだ。健康でいる必要はない」（不詳）

＊

人生の歯車と言うが、歯車はときどき狂うものである。（佐野）

＊

「真実を暴く」

「なるほど。だが、人々が聞きたいこと信じたいことは必ずしも真実とはかぎらない。真実

には責任が伴う。そうとも、だから誰もが恐れる」（映画・バンク）

＊

挫折から立ち直るのは難しい。人生は予測を超えたことが起きる。知らぬ間に影響を受けて、それまでとは違う自分に変わる。そして最後は理想の人間像から離れてしまう。（映画・バンク）

＊

君の言う正義は幻想にすぎない。大きな犠牲が伴う。目的達成のために理想を捨てられるのか。難しい選択だ。（映画・バンク）

＊

経験が人を作るわけではなく、心のあり方が人を作るのだ。心の弱さもまた、人生を形作る重要な要素である。人は強くあらねばならぬが、ただ強いばかりでは、生き方に深みが出ない。（不詳）

＊

時には歩みを止め、周りを見渡してみることも必要だろう。先を急ぐばかりでは、多くの物事を見落としてしまう。どんなに急いだところで、そう遠くへ行けるものではない。（不詳）

＊

夢を見ろ！
人が生きるってことは夢を見るってことだぜ。（福本伸行）

勝てばいい、これは下郎の生き方だ。（阿佐田哲也）

＊

死ぬほどの苦しみに耐えてまで生きていかなければならないのか。

ダイスケ犬《いぬ》の夏は、まさにそんな試練の季節だった。

それでも何とか耐えることができたのは、これを乗り越えたならば、大好きな冬が来るということがわかっていたからだ。

だが、人は、ダイスケ犬のようにはいかない。

このまま死の苦しみが死ぬまで続くのではないか、と思ってしまうことがあるからだ。

明けない夜はない、とカンタンに言うが、明けない夜があることも事実である。

人は死ぬような苦しみに耐えてまで生きることに、どんな意義があるだろうか。（佐野）
※ダイスケ犬とは、かつての飼い犬である。詳しくは、小著『ダイスケ犬の唄』

十　人間について

甘い言葉と甘い食べ物は、人間をダメにする。（佐野）

＊

人間は楽《らく》して生きたいという強い願望がある。

それを象徴しているのが、超能力や魔力を持った人間（子ども）が活躍するアニメ作品が多いことである。

しかし、敵もまたそれ相応の力を持っているわけで、そうなると、せっかくの特殊能力もたいして意味がないことになる。

要するに、あまり努力しないで最高の成果を挙げたいがためだけの超能力であり、魔法なのである。（佐野）

＊

ヒマがあるときは金がなく、金があるときはヒマがない、とよく言われたものである。

しかして、両方あるときは、もうすでに気力も体力も、そして何よりも若さがない。（佐野）

＊

バカな行為や失敗は、星である。

一方、成功やすぐれていることは、太陽である。

太陽は、昼間、星を完全に見えなくする。

何が言いたいかと言うと、偉人や英雄の伝記には、バカな行為や失敗が、まったくか、ほとんど語られていない、ということである。（佐野）

＊

未来への不安、過去へのとらわれ。（不詳）

＊

努力する人は希望を語り、怠ける人は不満を語る。（井上靖）

＊

一匹狼は自由であっても、野垂れ死にする自由も含まれている。（森村誠一）

＊

無限の可能性は、それに伴う努力をしない限り、無限の空虚となってしまう。

若い可能性は無限であるが、若さそのものは有限であり、何もしなければたちまち老いてしまう。（森村誠一）

＊

ボクサーは連戦連勝している間に弱くなる。（モハメド・アリ）

＊

人間の悩みの大半は他人との比較だ。

人生でなすべきことは、他人を越えることではなく、自分を越えること。（不詳）

若く見えるだけでは、若いとは言えない。
気持ちが若くなければ。（佐野）

＊

単純な人間が我々が思っているほど単純ではないように、すぐれた人間も思っているほどすぐれてはいない。（佐野）

＊

信念を貫いたり、我が道を往く者は、知らないうちに周りの人たちに迷惑をかけているものだ。

なぜなら、そうでもしないと、そうすることはとても不可能だからである。（佐野）

＊

人間が善人であることを続けていくのはむずかしい。
なぜなら、若死にした人は、それができなくなった結果なのだから。（佐野）

＊

挫折とは、一生懸命がんばったにもかかわらず、ダメだったときに味わう感情のことであって、たいして努力もしなかった者には挫折する資格はない。
それは、自業自得と言うものである。（佐野）

＊

失敗しない人間は、後の方で大失敗する人間である。（佐野）

人は誰しも表に現れない隠れた才能が必ずあるはずである。潜在能力、すなわちポテンシャルと言われているものだ。

重要なのは、そんな能力に気づくか気づかされる機会に恵まれるか、なのである。

世に名を残した人は、そういうとても運のいい人だったのである。（佐野）

＊

大きな痛みが小さな痛みをかき消すように、大きな悩みは小さな悩みをなくす。

しかして、大きな悩みが解消した時、それまで隠れていた小さな悩みがドッと押し寄せてくる。（佐野）

＊

現実であるにもかかわらず、非現実的と思われることも、やはり現実そのものである。

現実的なことを非現実と思うのは、人間の勝手な思い込みであって、現実はあくまで現実的なものである。（佐野）

＊

愚かさというのは、自分が勝手に選んだ不幸である。

自分が自分を不当な目にあわせておきながら、どうして運のせいにするのだ。

（メナンドロス）

＊

死すべき人間の運命にして、思い上がった心をいだいてはならぬ。

慢心は花をつけ、身の破滅の穂をみのらせる。そして、刈り取るには、泣きの涙もたわわな実なのだ。（アイスキュロス）

＊

失敗は人が生きているかぎり、必ずついて回るものだ。

したがって、大事なのは、それを最小限度に抑える努力をすることである。（佐野）

＊

謙虚とは、自分自身で思っている自分の長所を、すべてを他人に言わせる術《すべ》のことである。

（フィリップ・ブーバール）

＊

子どもはすべての慰めになる。子どもを持っているという悩みを除いては。

（イポリット・テーヌ）

＊

独身であることの利点は、とてもきれいな女を前にした時、自分の家に一人醜いのがいることを悲しむ必要がないという点である。（レオトー）

＊

人は一人では生きていけない、と言う。

だが、一人になることが必ずあるわけで、その時は自殺するのか、と言いたい。

そうではないだろう。

一人で生きていけないではなく、一人で生きていかなければならないことが必ずあるのだ。

なぜなら、この言葉は、他人をしっかり頼ることが前提となっているからである。（佐野）

＊

人間にとって、ただ三つの事件しかない。
生まれること。生きること。死ぬことである。
生まれる時には気がつかない。死ぬ時は苦しむ。そして、生きている時は忘れている。
（ラ・ブリュイエール）

＊

人間は元来一人で生まれて、一人で死んでいくのである。

大勢の中に混じっていたからって、孤独になることはわかり切ったことだ。（田山花袋）

＊

みんな一人で生きる練習が足りなさすぎる。（久田恵）

＊

情熱を注ぎこめるものを、最初から持っている人はいない。（岡本太郎）

＊

人間の目は、失敗して初めて開くものだ。（チェーホフ）

＊

損したことよりも、得しそこねた方がより損した気分になるのはなぜだろうか。（佐野）

＊

出会いは、偶然。別れは、突然。（佐野）

どうしてそうしなかったのだ、と後世の人は無責任に一方的に批判する。しかし、その多くは、やりたくても出来なかったものである。（佐野）

*

気力、体力が充実しているときは、経験、知恵、分別が欠けている。だが、そうでないときは、気力、体力が不足している。（佐野）

*

愚かな人に嫌われることを喜びなさい。彼らに好かれることは、侮辱でさえあるから。（フィリップ・レクレア）

*

人間はつねに、自分が理解できない事柄はなんでも否定したがるものである。（パスカル）

*

人間はひとりひとりをみると、みんな利口で分別ありげだが、集団をなせば、たちまち馬鹿が出てくる。（シラー）

*

神は、我々を人間にするために、何かしらの欠点を与えた。（シェークスピア）

*

必要とされている。そのことに気づくと、気分が良くなり、やる気が出るものだ。（ハイドン）

前向きな人間とは、反省などしない人間でもある。言うならば、反省しないから、前向きになれるのだ。（佐野）

＊

人間が賢くなるのは、経験によるものではなく、経験に対処する能力に応じてである。

（バーナード・ショー）

＊

人の目を意識するような者にかぎって、人から見られもしないし、問題にもされない場合がほとんどだ。（岡本太郎）

＊

人間である限り、必ず長所と短所がある。

というより、長所と短所は裏表である。

快活な人は軽薄、勇気のある人は無思慮な人であるし、頭の回転の速い人は深く考えていない人、重厚な人は鈍重な人、適応力のある人は、頼りない変節漢といえる。（不詳）

＊

明るい人間とは、ひとりでいるときも明るい人のことを言うのであって、ただ人前で明るくふるまっている人のことではない。（佐野）

＊

気を遣《つか》わなければならない相手は、たいていろくでもない人間である。（佐野）

＊

素朴な人とは感受性の乏しい人のこと、時勢の変化によくついて行ける人というのは定見がなく、信頼し難い。

怒りっぽい人は反応が速いが、バックボーンのある人は柔軟性に乏しいし、しとやかな女性というのは内向的で陰気な女性。

社会的正義感の強い人というのは嫉妬心の強い人、自己反省が非常にある人というのは猜疑心が深い。自分自身を信用しないぐらいだから、人の言っていることも容易に信用できない。

親切な人というのは、これは干渉癖のある支配欲の強い人。だから、その人の言った通りにしないと、人の好意を無にして、ということになる。

愛情の深い人は、精神的欲求が大変に強い、冷淡な人は淡白で若妻向き、という具合である。（会田雄次）

＊

「努力する」か「諦《あきら》めるか」のどっちかしかないよ。

人間に選べる道なんていつだって、たいていこのふたつしかない。（花本修司）

＊

美しすぎる童話を愛読した者は、大人になってから、その童話に復讐される。（寺山修司）

＊

命を運ぶと書いて，運命。

つまり、運命とは、定められて仕方なくたどるものではない。自《みずか》らの命を自分の力で運んでこそ、運命と言えるのではないか。（大谷徹奘）

＊

過去は年老いた者の慰めであり、現在は羽振りのいい者の安住の地であり、未来は青年の保証のない希望である。（梶山健）

＊

古《いにしえ》の聖賢の言葉は、必ずしも真実とはかぎらない。（梶山健）

＊

真実のよろこびというものは、深い悲しみの経験のないものには味わうことはできない。

（柳田謙十郎）

＊

人間、いらないと思って捨てたものを、後になって持っていたかったと思うものだ。

（シェークスピア）

＊

忍耐を知らないやつは、何と哀れなのだ！　どんな傷だって、治るのは徐々にだろうが。

（シェークスピア）

＊

信念のある人は、ブレることはない。

それはつまり、何事においてもいっさい反省しない、ということでもある。

それればかりか、自分が正しいと考えていることを他人に押し付けるのである。そして、自分の意見と真っ向から対立する相手を、間違っていると断罪するのだ。まことに、信念のある人間は、唯我独尊である。……いや、ただのひとりよがりか。（佐野）

＊

自分が誰かに大切にされているんだってことを本当に知っていたら、自分の命を粗末になんか決してできないはずだよ。（アニメ・ホットロード）

＊

楽天家や前向きな人は、ただお目出度いだけの人である。（佐野）

＊

現役（過去）のときの栄光を、引退後も引きずることほど、愚かしいことはない。（佐野）

＊

あくまでも現役にこだわって、なかなか後進に道を譲ろうとしないのは、身勝手以外の何物でもない。（佐野）

＊

目標だけど、ゴールじゃない。道はずっと続いている。（アニメ・ヒカルの碁）

※目標はあくまでも目標、通過点にすぎないのであって、ゴールではない。

本当に叶えたい夢は、目標とは別にあるのだ。

立てた目標を達成することは大切なことだが、達成することそのものが目標となってしまっては、目標を立てた意味がない。

それでは、達成したあと行き先を見失って燃え尽きてしまうのがオチだ。何のための目標なのか。（不詳）

＊

向上心と言えば聞こえはいいが、要は、欲を出すことに他ならない。人間が欲を出すと、たいていロクなことにはならない。（佐野）

＊

どっちを取る？　金か、人生か。（映画・プロバンスの贈り物）

※これは、意外と奥が深い句である。なぜなら、金と人生を切り離して、別のものとしているからである。

まるで、金の方を取ったなら、人生をあきらめなければならないように受け取れる。その結果、金に人生を乗っ取られ、金の亡者になってしまう……と。

ただ、人生の方を取ったなら、金と縁が切れるというのは、何となくわかる気がする。この場合の人生とは夢のことであろう。

貧乏画家、貧乏音楽家など、主に芸術関係の人間に多い。

つまり、人生は、金のために生きるのか、それとも、食うや食わずでも、夢のために生きるのか、ということであろうか。

が、これだけは言える。

どっちにしても、どちらも後悔するだろう、と。（佐野）

＊

度胸があるというのは、匹夫《ひっぷ》の勇《ゆう》に他ならず、下劣な人間からは称賛されるだろうが、マトモな人間は決して評価しない。（不詳）

＊

立派なことは、たいてい実行不可能ことばかりである。（佐野）

＊

運命の人が本当に運命の人であるとはかぎらない。

そう思い込んだり、そう信じたりするのは、当人の勝手であるが。（佐野）

＊

強いというのは、相手をあなどることでもあるのだ。（佐野）

＊

夢見るのは、ある意味、現実からの逃避でもある。（佐野）

＊

人間は、恵まれていないと、生きてゆくことがむずかしい生き物である。

まず、親に恵まれないと、最悪、幼くして虐待死させられることになる。

また、友だちに恵まれないと、いじめによって自殺ということもある。

それから、同僚や上司に恵まれないと、パワハラなどの各種ハラスメントや長時間残業の押しつけなどによる過労死や自殺などというのも珍しくない。

そして何よりも、配偶者に恵まれないと、ある意味、一生の不幸を背負うことになる。

したがって、可でもないが不可でもない、ごく一般的な普通の生き方こそ、とても恵まれ

ていると言っても過言ではない。（佐野）

＊

真の勝者は、一人である。

戦国時代、あまたの勝者が生まれたが、結局、最後に残ったのは、徳川家康であった。

幕末、維新にしても、幾多の英雄を輩出したわけだが、明治時代をリードしたのは、伊藤博文だった。

大本命だった織田信長が本能寺の変で倒れ、西郷隆盛も城山の露と消えた。

つまり、一流以上の人物が次々といなくなったおかげで、徳川家康も伊藤博文も、勝者になることができたのである。

このことは、運が良かった、以外の何物でもない。にもかかわらず、後世の識者たちは、不世出の人物であると賞賛している。

これはちょうど、スケート競技のショートトラックで、先頭を走っていた集団の全員が転倒してしまい、ひとり最後尾をすべっていた選手が楽々と優勝した、というのと、そっくり同じである。ちなみに、このレースで優勝したのは、オーストラリアの選手で、冬季オリンピックで初の金メダルをもたらしたとして話題になった。

したがって、真の勝者とは、たいてい二流以下の人物なのである。（佐野）

＊

「進歩のない者は決して勝てない。負けて目覚めることが最上の道だ。

日本は進歩ということを軽んじ過ぎた。私的な潔癖や徳義にこだわって、本当の進歩を忘れていた。

負けて目覚める。それ以外にどうして日本が救われるか。今目覚めずしていつ救われるか。

俺たちは先導になるのだ。日本の新生にさきがけて散る。まさに本望じゃないか」

（戦艦大和の最期・臼淵大尉）

＊

成功した多くの人は、最後まであきらめなかった人たちである。

確かに、あきらめないことはたいへん大事なことではあるが、あきらめなければ必ず成功する、という保証はどこにもない。

そして、最後まであきらめなかったにもかかわらず、結局成功しなかったに人が大勢いることもまた事実である。

そこには、たとえば才能に恵まれながら、成功できなかった人が必ずいる。

では、その違いは何なのかと言えば、やはり運である。

こればっかりは、人がどれだけすぐれていようが、努力をしようが、どうしようもないものである。

そして、これこそが、人生なのである。（佐野）

＊

だいたい、何もしない人にかぎって、立派なことを言う。（ゲーテ）

＊

絶望することができない者は、生きるに値しない。（ゲーテ）

※絶望は愚か者の結論である、と言うが、そうではない。愚か者は決して絶望しない。なぜなら、愚か者だから。（佐野）

＊

成功体験とは、努力を妨げるものに他ならず、百害あって一利なしの代物である。（佐野）

＊

マトモなことを口にする者は、マトモでない人間である。（佐野）

＊

バカな人間とは、バカであることの自覚がまったくない者のことを言う。

それが証拠に、バカと言われて、猛烈な勢いで反論するからである。

そもそも、人は等しくバカなのであって、個人差があるだけのことである。そして、それが表に現れるか現れないかの違いでもある。（佐野）

＊

人気（売れる売れない）や賞と言うものは、確たる証拠があって、出たり、もらったりするものではない。そのときどきの雰囲気で、そうなることの方がいい。

あのアカデミー賞であっても、キングオブ大根役者のジョン・ウェインが貰ったくらいだから、はっきり言ってわけがわからない。

また、我が国の芥川賞直木賞でも、実力のある大物作家がノミネートすらされていないという現状がある。（佐野）

＊

魔が差す、出来心などの言葉は、とりもなおさず、人間誰しもが心の中に悪魔が棲みついていることを証明している。

あんないい人が、まさかそんな悪いことをするなんてとても信じられない、などという事件の多くはそのせいであると言っても過言ではない。

本能寺の変を謎と言うのは、人間を理解していない者のたわ言である。

そして、このことは、条件反射の一種だと考えられる。（佐野）

＊

期待は、するものではなく、しなければならないもの、あるいは、せざるをえないものである。

なぜなら、実現性が低いから。

その点、夢と似ている。が、残念ながら、夢ほどの夢がないのが欠点である。（佐野）

＊

明白な事実が一つ。

見事な作品を生む芸術家や詩人は、人として欠陥があるということ。

性格に難があったり、自己中心的。（映画・サリンジャー）

＊

変わるとは、変わり果てることでもあるわけで、何でも変わればいいというものではない。

（佐野）

十一　若者について

努力したからといって、結果が出るとはかぎらない。
しかし、結果を出した人は、必ず努力した。（不詳）

＊

どんなに「練習はうそをつかない」と言っても、うそをつかないかどうかを確認する場所がなければ、それを証明することはできない。（不詳）

＊

なぜ勉強をするのか、また、しなければならないのか。

それは、人が生きる上での基本中の基本だからである。すなわち、なぜ、と言う以前の問題なのである。（佐野）

＊

勉強することへのギモンは、勉強した上で口にするべきであって、やる前から言うべきものではない。（佐野）

＊

テストで九十点以上を取ったにもかかわらず、百点満点でなかったことを悔やんでいる学生がいるが、何というぜい沢な後悔をする奴だと、半ば腹が立つ。

六十点の合格点で満足している者からすれば、フザケルナ、ということになる。（佐野）

＊

推薦入学は、こんな楽なことはないが、その代わり、達成感や感激やその喜びもない。（佐野）

＊

何にでも上達することができるのは、若いうちのことである。（プラトン）

＊

大勢の友を持つものは、ひとりの友も持たぬ。（アリストテレス）

＊

身体の美は、もし知性がその根底になければ、動物的なものにすぎない。（デモクリトス）

＊

だが、よいか。とくと心得ておけよ。あまりにも頑《かたく》なな思いは、真っ先にくじけるものだということをな。

火で堅く鍛え上げられたもっとも強固な鉄が、いちばんよく砕けたり、亀裂を生じたりするのを知っていようが。（ソフォクレス）

＊

あまり腹が立ったり、また我慢がならなかったりするようなことがあったら、人生はつかの間のもので、われわれはみな、もうじき死ぬのだと考えるようにしたまえ。

（マルクス・アウレリウス）

これがお前の運命なのだ。悩まなければならないというのが。

＊

こうした難儀を重ねたあげくのお前の生涯を、栄えあるものにするためにはな。

（ソフォクレス）

＊

悩みのない生活を思い出すことのできる人など、誰もいない。（メナンドロス）

＊

まことにいろいろな目にあい、長い月日をさまよい歩いてきた人は、誰しも、あとになってみると、苦しみさえも楽しいと感じるものなのだから。（ホメロス）

＊

ウサギとカメが競争する話は、ウサギが昼寝をしたため、カメに負けたことになっている。このことは、よく出来る者は、よく手を抜くものだ、という意味である。
また、よく出来る者は、世の中を甘く見、なめている、とも。
要は、努力は才能に優る、ということであり、出来ない者の最大の武器は、カメのように、たとえのろくとも、不断の努力を惜しまないことである、と。（佐野）

＊

人間の長所は、何かしらの短所がまざり込んでおり、同様に、短所には驚くような長所が隠されているものだ。（佐野）

子どもや若いときの試練は、大人になってからの試練に比べたら、試練のうちには入らない。

なぜなら、大は小を兼ねるからである。と同時に、小を隠してしまうからで、ある意味、どうでもいいことになる。

大人になって、子どもや若い頃の試練をよい思い出として、半分自慢げに話したりするのは、大人になって試練を経験しなかった未熟な人間の証明でもある。（不詳）

＊

自分が正しいと確信しているのなら、間違っている人々と議論する必要はない。

（ボランスキー）

＊

人間には、特別な人間と見られたい、思われたいという欲求と、自分で自分のことを特別な存在だと主張したい欲求があるのは、とても悲しいことである。（不詳）

＊

努力にも種類がある。

ひとつは、自分でマジメに一生懸命やっているつもりでやっていること。

もうひとつは、ギリギリまで追い詰められた状況で、必死になってがんばってやっていること。

この違いは、余裕があるかないか、による。

人間は、なまじっか余裕があると、どうしてもそこにスキができる。こんなとき、悪魔がそっと寄り添ってきて、こうささやくのだ。「適当にやっておけばいい」

人間は、もう後がないという崖っぷちに立たされないと、なかなかに真剣に、本気にはなれないものである。

言うならば、余裕とは油断のことであり、才能とは、常に本気になれることを言う。（佐野）

＊

人生は学校である。そこでは、幸福よりも不幸の方がよい教育である。（フリーチェ）

＊

目の見える人は、見えるという幸福を知らずにいる。（ジード）

＊

人生は、何事もなされぬにはあまりにも長いが、何事かをなすにはあまりにも短い。（中島敦）

＊

大事なことは、読めないことを読もうとするんじゃなくて、読めることをしっかりと読むことだ。（青木功）

＊

このまま行けと、僕の中の僕が命じるんだ。（ゴッホ）

＊
挑戦をあきらめること以外に敗北などない。

自分自身の心の弱さ以外に、乗り越えられない障害などない。（エルバート・ハバード）

＊
私は意志が弱い。その弱さを克服するには、自分自身を引き下がれない状況に追い込むことだ。（植村直己）

＊
三月の風と四月の雨で、五月に花が咲く。（西洋のことわざ）

＊
努力の成果なんて、目には見えない。
でも、紙一重の薄さも、重ねれば本の厚さになる。（君原健二）

＊
常識とは、十八歳までに蓄《たくわ》えられた偏見の集大成である。（アインシュタイン）

＊
お互いに友人だと言っても、それを信じるのは愚か者である。
この名ほど世間にあふれたものはなく、その実、これほど天下に稀なものはない。
（ラ・フォンテーヌ）

＊
強く激しい言葉は、その人の主張の根拠の弱さを示す。（ユゴー）

勝負は負けたときから始まる。

＊

弱さを知ったとき、己の成長が始まる。
人並みにやっていたら、人並みしかなれない。（神永昭夫）

＊

権威をひいて論ずるものは、才能にあらず。（レオナルド・ダ・ビンチ）

＊

雨は、ひとりだけに降り注ぐわけではない。（ワーズワース）

＊

引っ込めることのできないところまで、腕を伸ばすな。（ウォルター・スコット）

＊

君の悲哀がいかに大きかろうと、世間の同情を求めてはいけない。
同情の中には軽蔑の意が含まれているからだ。（プラトン）

＊

車は両輪で走るもので、片方だけでは走らない。自転車やバイクもそうである。
しかし、一輪車はちゃんと動く。
ただ、走るのにはちとむずかしいかもしれない。（佐野）

＊

自分ではっきり気がついていること。寝ているときと起きているときとでは考えがちがう。

空腹のときと、満腹のときとではまたちがう。（リヒデンベルク）

＊

人はめいめいの一生を背負っている。

その一生に出来ることを、着実に、正直に、親切に、やってゆけば良いのだ、他人の出来ることは他人の出来ることなので、自分に出来ることが自分に出来ることなのだ。

人をうらやむには及ばない。（福原麟太郎）

＊

実力よりも、一段も二段も高い学校を狙わされる子どもは災難である。

受験能力とは暗記と整理の能力で、たしかに一つの大きな能力だが、それ以上の何物でもない。

試験はその能力以外のものを検査することは絶対にできない。創造力などは、その暗記力や整理力と根本的に対立するものである。語学の達人に創造力がないといわれるゆえんだ。

各人がどのような能力を持つのか。どのような道をとるのがその人間にとって個性に応じた一番生きがいを感じる道なのか、そんなことにはまったく関係なしに、本当の能力指導はもちろんのこと、ちょっとした適性検査をすることさえなく、ともかく頭の良い、受験能力のある子はある子なりに、頭の悪い子は悪い子なりに、東大路線を突っ走ることを強制されたのである。（会田雄次）

＊

希望を持つことはやがて失望することである。失望の苦しみを味わいたくない者は初めから希望でなく、かえって期待というごときのものである。

個々の内容の希望は失われることが多いであろう。決して失われることのないものが本来の希望なのである。（三木清）

＊

なにものをも恐れないことが、必ずしも勇気というものではないのであって、悪事をはたらくこと、不正をおかすこと、無意味（キケン）なことに身をさらすこと、そういうことに対してはどこまでも、かえって臆病であることや、それどころか、むしろそれに抵抗するために最大の勇気をふるうことこそ肝心なことでなければならない。

する勇気としない勇気、イエスを言う勇気とノーと言う勇気がともに必要な所以《ゆえん》である。

それゆえ、真実の勇気はじつに真実への勇気に他ならない、（真下信一）

＊

スポーツ万能、文武両道などは、子どもや若いとき限定である。

とりわけ、スポーツ万能は、そうである。なぜなら、すべてのプロスポーツで選手として十分にやっていける人間は一人としていないことから、せいぜい苦手ではない程度のものである。

かつて、バスケットボールのスーパースター、マイケル・ジョーダンが、大リーグに挑戦したことがあったが、どれほどのこともなかった。

重要なのは、子どもや若いときにはどうであったかではなく、大人になってからどうなったか、なのである。

そもそも、何でもできるというのは、結局、何もできないということでもある。であればこそ、野球の大谷翔平選手の二刀流が大注目されているわけである。徒然草にもあるように、ひとつのことを成就しようと思うなら、他のすべてのことはそのために犠牲にしなければならない、と。（佐野）

＊

ミスをすることを恐れること、それこそがミスである。（不詳）

＊

夢がかなうことが、本当に夢がかなったことになるのは、めったにない。なぜならば、夢ほどはかないものはないのだから。雲のようにあることはあるが、つかむことはできないように。シンキロウかもしれないのだから。（佐野）

＊

人生は試行錯誤の繰り返しである。と言うのも、すべてのことは初体験なのだから、初めから何でもうまく行くことなどありえない。あるとすれば、たまたま運が良かったからにすぎない。ところが、人はそれを才能とか実力と勘違いして、努力することを怠り、その結果、墓穴を掘ることになる。（佐野）

＊

楽しい学園生活を送れるのはとてもよいことだが、しかし、社会人になったとたん、楽しいことなどほとんどなくなってしまう。

そのため、そのギャップに大いに苦しむことになる。

だからだろうか、大卒入社の社員の約三割が、三年までに辞めていくという。

＊

「学生時代」という青春賛歌がある。

良き学生時代を懐かしんだ歌詞が歌われている。

そもそも、懐かしむというのは、現在が、ある意味、みじめだからでもあるわけで、いい思い出というのは、けっこう罪作りであると言える。（佐野）

＊

神童と称された子どもたちがすべて立派な大人になれるわけではない。

モーツワルトの時代、彼と同世代の子どもたちのなかにも彼と同じような天才少年が少なからずいたという。

結果は、本物の天才であったモーツワルトだけが残って、多くの名曲を残したのである。

そもそも、大人顔負けの子どもだというだけで、どこかウサンクサイものがある。

なぜなら、妙な自尊心のカタマリであったり、自意識が異常だからである。（佐野）

＊

アマチュアのときの成績は、プロになってからの成績にはカウントされない。（佐野）

十二　結婚について

結婚するのを身を固めるという言い方をする。なぜか。

それは、男を家庭に固めるように束縛するからである。

つまり、自由を奪うわけである。

そこから、結婚は人生の墓場と言うようになった。

だが、ある人にとっては、そんなものではない、生き地獄だ、と言う人もいる。（佐野）

＊

なぜ離婚するのか。

多くは、結婚した後になってわかった相手のいやなところを、これでもかというくらい思い知らされるからに他ならない。

そして、続けるか別れるかの基準は、それを許容できるかどうか、または耐えられるか耐えられないか、である。

どちらにしろ、そもそも結婚とは、忍耐の別称なのだから、そのことを承知し、覚悟した上で決断すべきものである。安易にすると、即離婚ということになる。

離婚率や未婚率が年々高くなっているのは、忍耐力の低下と、結婚生活が幸せであるとい

うのが幻想であるとわかってきたからである。（佐野）

＊

結婚は、本当のところをよく見てみると、わざわいである。
しかし、だからと言って避けることのできないわざわいである。（メナンドロス）

＊

もし、妻というものが良いものならば、神様も一人はお持ちであるだろうに。
（サシャ・ギトリー）

＊

私には、女たちは象のように思える。
眺めるのは好きだが、家に欲しいとは思わない。（W・C・フィールズ）

＊

神が同棲を発見した。悪魔は結婚を発明した。（ピカビア）

＊

人間は生まれながらにして自由であり、法的に平等である。
ただ、問題は、そのあとで結婚する人々がいることである。（ジューアンドー）

＊

しばしば結婚は宝くじにたとえられる。しかし、それは誤りだ。
宝くじでは、ときに勝つこともあるからだ。（バーナード・ショー）

＊

結婚とは、二人の人間が一緒になって、それぞれ別々になって暮らす場合と同じくらい、幸福に暮らすというむずかしい術である。（フェイドー）

＊

何と多くの夫婦が結婚したことによって、離れてしまったことか。（カピュ）

＊

人は、判断力の欠如によって結婚し、忍耐力の欠如によって離婚し、記憶力の欠如によって再婚する。（サラクルー）

＊

結婚とは、人生を賭けた大バクチであるから、よほど慎重に決めなければならない。（不詳）

＊

栄転とはあくまで会社でのことであって、家庭は、夫の単身赴任によって、引き離されることを意味する。（不詳）

＊

やっぱり　一人がよろしい　雑草（山頭火）
やっぱり　一人はさびしい　枯草（山頭火）

＊

結婚するのは、二人とも他に身の振り方がないからである。（チェーホフ）

＊

二人が仲睦《むつ》まじくいるためには愚かでいるほうがいい。立派すぎないほうがいい。

立派すぎることは長持ちしないことだと、気づいているほうがいい。（吉野弘）

＊

結婚してからの一日一日は、相手の欠点を一つ一つ発見していく一日である。（なだいなだ）

＊

人はさみしい生き物であるがゆえに、それを少しでもまぎらわそうと、友だちを作ったり、趣味を持とうとしたり、旅をするのである。

そしてその最悪の対策こそが、何あろう、結婚に他ならない。（佐野）

＊

自分自身を和する事が出来ぬ心が、どうして他人と和する事が出来ようか。（小林秀雄）

＊

結婚は雪景色のようなものである。

はじめはきれいだが、やがて雪どけしてぬかるみができる。（山本有三）

＊

結婚は鳥籠《とりかご》のようなものである。

外にいる鳥たちはいたずらに中に入ろうとし、中にいる鳥たちは、いたずらに出ようともがく。（モンテーニュ）

＊

若い頃のときめきは正常と言われるが、歳をとったら、これを心臓病と言われる。（不詳）

夫を愛せないというだけで離婚するのは、愛しているというだけで結婚するのと同じくらい愚かなことである。（ザ・ザ・ガボール）

＊

愛する気持ちを、憎しみや怒りよりも強く持ちなさい。
なぜなら、少しぐらい譲歩したほうが、すべてを失うよりずっといいから。
（H・G・ウェルズ）

＊

結婚の幸福は、まったく偶然の産物である。（ジェーン・オースティン）

＊

妻があり子があり、友があり、財があり、恋があり、酒があって、尚寂しいのは自分というものを持っていないからである。（山頭火）

＊

あなた亡き後は決して結婚しないわと妻は言う。
「一度で十分」の本当に意味を知ったからである。（ファーゴーラ）

＊

女の再婚は、夫が嫌いだったからであり、男の再婚は妻がすばらしかったからである。

女は、今度こそは、の幸運を求め、男は、またの幸運に賭ける。（オスカー・ワイルド）

＊

「この人には、こんな一面があったのか」

と、彼もしくは彼女に幻滅することは、そう珍しいことではない。幻想は砕けて幻想と知る。……これは、結婚してからの失恋である。（不詳）

＊

結婚とは愛が美しい誤解であったことへの惨たんたる理解である。そして、結婚は、恋愛への刑罰である。（亀井勝一郎）

＊

家庭は、独身を押し通す能力のない凡人がもつ唯一の慰めと諦めの監獄である。（梶山健）

＊

マイホーム主義とは、生存競争で負け犬になった男が、己の無能をカムフラージュするための詭弁である。（梶山健）

＊

初婚は義務、再婚は愚行、三度目は狂気の沙汰。（オランダのことわざ）

＊

結婚の多くは妥協の産物である。離婚が多いのも当然と言える。（不詳）

＊

幸せから少し引いた字が辛《つら》いであるように、妻を少しいじると、毒となる。女から母に変わっただけなのに、どうしてだろうか。（不詳）

＊

〝家庭のために、そしてその幸せのために〟が、すべてに優先する本当の家庭のありようかもしれない。
だが、これが、家庭の真の幸せであると言えるのだろうか。
誰かの犠牲によって成り立っている幸せは、見せかけにすぎない。
こんなものが長く続くはずがない。（佐野）

＊

結婚は人間を縛るためにものであって、幸せになるためのものではない。（不詳）

＊

結婚とは、家庭のために自分を殺すこと、犠牲になることに他ならない。
それに耐えられなくなったとき、離婚するのである。（不詳）

＊

結婚とは、相手の欠点を受け入れる覚悟を決めた、ということが前提とならなければならない。（不詳）

＊

なぜ、銀婚式や金婚式があるのか。

それは、夫婦のどちらかが、よくもまあ、二十五年、五十年と耐えてきたものだ、と賞賛し、ねぎらうためのセレモニーに他ならない。（佐野）

＊

父親は、カネの運び屋でなくなった瞬間に存在価値を失うし、母親は、高級女中の役目をはたさなくなった瞬間に存在事由を失う。

この人生の悲喜劇の第一幕は、結婚という第二幕に引き継がれていく。（梶山健）

＊

人は相手のよいところによって結婚し、いやなところでもって離婚する。（不詳）

＊

結婚とは、相手のいやなところを許容する行為のことに他ならない。（不詳）

＊

継続は力なり、と言う。

この言葉は、継続することがいかにむずかしいか、というのが本来の意味である。

結婚がそのことを如実に証明している。（佐野）

＊

知り合いの夫婦の話。

別れるとか別れないとかの相談を、二人別々に持ちかけられた。

奥さんは言う。

「この十八年、ずっと耐えてきました……」

このあとは、旦那への愚痴が続いた。

翌々日、今度は、旦那がこぼした。

「カミさんは二言目には、どれだけ耐えてきたか、と言う。いい加減うんざりだ……。耐えてきたのは、こっちの方だ！」

この夫婦、いろいろあったものの、二人ともまだ耐え続けている。（佐野）

＊

近所に、おしどり夫婦がいる。どこへ行くにも、何をするにも一緒なのだが、ふとおかしいことに気がついた。

一緒にいるというのに、会話がほとんどないのだ。

そういえば、本家本元のおしどりも、ただ一緒にいるだけだという……。（佐野）

＊

結婚した二人の門出に際して、「二人の船出を祝して……」などと言うことがある。

なぜなら、船出の先には、常に沈没するキケンが待っているからである。

しかも、最近では、海賊も出没していると言う。（佐野）

＊

「家族の中より心地よい所があるだろうか」

「その他の至る所さ」（エルバ・バサン）

＊

どちらが自由だろうか。

独裁制で暮らしている独身男と、民主制で暮らしている既婚の男では？（エルゴヌィー）

＊

夫婦は親しきを以《もっ》て原則とし、親しからざるを以て常態となす。（夏目漱石）

＊

カカア殿下と亭主関白という称号は、どちらも相手を支配しようとする家庭内でしか権力

を持たない人たちのことである。（不詳）

＊

血によって結ばれ、金銭の問題のよって不和になった人々の集団を、家庭と呼ぶ。

（エチエンヌ・ルー）

＊

恋は結婚よりおもしろい。

それはちょうど、小説が歴史よりもおもしろいように。（不詳）

＊

幸せな結婚はあるかもしれないが、幸せな結婚生活はめったにあるものではない。

あるとするならば、鈍感であるか不感症であろう。（不詳）

十三　恋愛について

初恋は、少しの愚かさと、たくさんの好奇心にすぎない。(バーナード・ショー)

＊

初恋が成就することはめったにない。

人間、初めてのことはたいてい失敗するものである。

だから、最初の失敗にこりずに、何度も挑戦しよう。失恋で人は何も失うものはないのだから。ただ、少し心が折れるかもしれないが、そんなもの、気にすることはない。(不詳)

＊

私たちは、完璧な恋人を探すことで時間をムダにする。

完璧な愛をみずからつくりだそうともしないで。(トム・ロビンス)

＊

何ごとも愛する方法は、それをいつかは失うかもしれないと認識することである。

(チェスタトン)

＊

貧しさがやってくれば、愛は逃げ出す。(ジョン・クラーク)

芝居や映画を見ても、小説を読んでも、人間は何と、色恋の苦労に身を亡《ほろ》ぼしていることだろう。どうしてあんなにまで物語の中の人々は、恋愛し、苦悩し、そのために争い、傷つけ合わなければならないのかわからない。（福原麟太郎）

＊

愛はお金で買えないけれど、お金で愛は育つ。（黒澤明）

＊

愛されないということは単に不運でしかない。愛さないということこそ、不幸である。（カミュ）

＊

恋愛というものは常に一時の幻影で、必ず亡《ほろ》び、さめるものだ、ということを知っている大人の心は不幸だ。（坂口安吾）

＊

恋はいつだって自分を欺《あざむ》くことから始まり、他人を欺くことで終わる。これが世間でいうロマンスというものである。（オスカー・ワイルド）

＊

情熱はさめると、氷より冷たくなります。（ザ・ザ・ガボール）

＊

物思いに沈んでボォーっと過ごすことも含めて、恋愛とは時間を食う営みである。（不詳）

＊

惚《ほ》れている　惚《ぼ》けているのと　同じこと　（飯塚二十一茶）

＊

愛というのは、執着心という醜いものにつけた仮の美しい嘘の呼び名かと、私はよく思います。（伊藤整）

＊

人を見る目がないときに、そして人間として不安定なときにかぎって、人は恋をする。そしてその基準となるのが、悲しいかな、親なのである。（不詳）

＊

恋の病、と言う。つまり、恋は病気なのである。

したがって、恋愛結婚というのは、狂気の為せるワザだと言うことができる。（不詳）

＊

好き合って結婚したにもかかわらず、離婚することになったのは、病気が治ったからである。

心も体も正常に、健康になったという証拠である。（不詳）

＊

恋は落ちる。愛は溺れる。（三遊亭小遊三）

＊

恋の狂気は、われわれのもっとも大きな仕合わせのために、神々が授けたものである。
（プラトン）

＊

恋せぬは　つらいこと　恋するも　またつらいこと　だが　なににもまして　つらいのは
恋してとどかぬ　胸のうち　（アナクレオン風歌謡）

＊

恋ごころ　そなたは　正しい人の心をくるわせて　不正なものとなし　破滅への道をたど
らせる。（ソフォクレス）

＊

ああ、恋とは人の身になんという大きなわざわいか。（エウリピデス）

＊

恋とはこうした技量を誇るもの。
すなわちそれは、不幸にして恋の想いのかなわぬ者には、他人には苦痛とはならないこと
でも悩みと思わせ、他方、首尾よくその想いを遂げた者には、よろこびに値しないことまで
もほめそやさずにはおかないもの。（プラトン）

＊

恋愛とは、二人で愚かになることだ。（バレリー）

＊

人は恋に落ちる。そして落ちたときはいつでもそうであるように痛い目にあう。

（ベイエルガン）

＊

恋は盲目ではない。それは遠視なのだ。

その証拠に、遠ざかったときにはじめて欠点が見えはじめる。（ザマコイス）

＊

興味をひくのと、気持ちがひくのは、どこか似ている。（佐野）

＊

運命的な出会いの多くは、男と女が偶然出会って、まるでそれが必然であるかのごとく恋愛に発展し、その後いろいろあって、ついには結婚する……という流れであろう。

これぞ、恋愛ドラマや映画のワンパターンストーリーに他ならない。

ただし、描かれているのは二人が結ばれるまでであって、結婚生活まで描かれることはめったにない。なぜか。

もし二人が円満な生活を送っていたら、こんな退屈なものもないからである。

また、ささいなことでケンカしたり、いがみ合ったりしても、痴話ゲンカにすぎず、やはり退屈になることに違いはない。

ならば、ずっとラブラブの関係だったらどうか。……おそらく、やたら腹が立つだろう。

そして、必ずこう言う。

「所詮は、作り事。作者の想像力の貧困さを証明している」と。（佐野）

＊

運命的な出会いと言う場合、たいへん良いこと、すばらしいこと、という先入観がまずある。だが、そもそも運命と言うとき、そこには、過酷な、という枕詞《まくらことば》が省略されていることを失念しているのではないか。

運命に従う、運命に翻弄される、運命に流される、運命を甘んじて受け入れる、運命からは決して逃《のが》れられない……など、本当はいいことなどあまりなく、恐ろしいほどに現実の厳しさを表す言葉が多いのである。

したがって、運命的な出会いとは、これには抗《あらが》うことも逆らうことも出来ない相手との出会い、という意味にとらえなければならないと半分覚悟する心構えが必要である。（佐野）

＊

女の子は、男を見た目でしか判断しない。と言うか、できない。

男の顔のてっぺんから足のつまさきまでを微に入り細に入って、じっくりしっかり見る観察力には感服するが、そのことは取りも直さず、形を見る者は質を見ず、の典型でもある。

悪魔は必ず紳士のかっこうして現れる、という。

女の子がよくだまされるのは、そのためである。（佐野）

＊

離れているときはいつも恋しかったのに。考えるだけで胸一杯。

でも、今は、毎日会えているけど、憎いときがある。（韓国ドラマ・麓）

十四　不幸と少し関係があること――前篇

キン張するのは、一生懸命だからであり、そのことに対して真剣に、マジメに取り組んでいるからに他ならない。

だから、とてもよいことなのである。

逆に、余裕があったり、平常心などとわけのわからない心理状態だとしたら、そのことを軽く考えているか、事務的にしか思っていないか、である。

不マジメな人間、いいかげんな人間、高慢な人間は、決してキン張などしない。（佐野）

＊

人生をどう生きるか、ということがよく言われる。

しかし、これはどうしても個人個人によって立場の違いが深く関係するために、単純にこうだと言うわけにはいかない。

また、生まれた環境によってさまざまな制約を受ける。

たとえば、芸術の道に進みたいが、家業を継ぐべき跡取りに生まれたりした場合、大いに悩むことになる。

したがって、これらのことを無視しては、どう生きるも何もない。

それよりも、どう生きるか、という問題に向き合える人間は、ずい分と恵まれていると言わなければならない。

なぜなら、どうにかしてでも生きなければならない人間からすれば、これほどぜい沢な人生上の悩みはないからである。

「生きるべきか、死ぬべきか、それが問題だ」と悩んだハムレットは一国の王子であった。同じとき、下層の民は、明日の食糧をどう調達して子どもたちに食べさせようか、というきわめて切実な問題に直面していたと考えられるからである。（佐野）

＊

人間一人の力は決して無力ではない。微力なだけである。（不詳）

＊

大事なものは、たいていめんどうくさい。（宮崎駿）

＊

真実の愛は臆病で、なおかつ虚栄心を伴うものだ。（ペロー）

＊

最短キョリは、最悪の道であることが多い。

なぜなら、世の中はそんなに単純ではなく、甘くないからだ。（佐野）

＊

つまらない人間がトップに立っているのを、組織と呼ぶ。

であるにもかかわらず、その組織がうまく機能しているのは、その下に優秀なスタッフがいるからであって、トップのせいであることはめったにない。（不詳）

＊

貧乏クジとは、たまたまイケニエの羊になってしまうことである。（佐野）

＊

油断大敵と言うように、油断こそが一番の大敵である。

桶狭間では今川義元が、河越では上杉憲政が、そして厳島では陶晴賢が、それぞれ絶対優勢にもかかわらず大敗した。

すなわち、油断した方が負けているのである。（佐野）

＊

歴史作家の特徴のひとつは、登場人物に対して、好き嫌いをはっきり反映させていることである。そしてそれが、あまりにも極端なのである。

好きな人物をまるで完全無欠のように描くかと思えば、他方嫌いな人物に対してはさんざんこきおろすのである。書くに事欠いて、無能、愚劣などと……。（佐野）

＊

生き恥をさらす、と言う。また命長ければ、恥多しとも。

つまり、生きていることは、恥ずかしいことであり、恥をかくことなのである。

問題なのは、恥を知って生きているか、という自覚があるかどうかである。（不詳）

＊

巧言令色が、明らかにお世辞、社交辞令であるとわかっていても、何となく嬉しいもので、悪い気はしない。なぜか。

それは、人は常に何かしら批判や非難にさらされているからに他ならない。であればこそ、それが心にもないほめ言葉だと思っても、妙に心はいやされるのである。

それとは別に、人は心のどこかで、どんなことでもいいから認めてもらいたい、賞賛されたいという秘めたる欲求があって、そのことによって幾分かは心が満たされるのであろう。少なくとも、無視されていない、仲間はずれになっていないという安心感を、巧言令色から受け取ることができるのだ。

まったく声をかけられないよりは、たとえ歯の浮くようなヨイショであっても、何げに嬉しいものである。

また、スターと言われる人たちであっても、賞賛されたり、チヤホヤされたりしないと、何かしら不安に襲われるという。ましてや一般人は……。（佐野）

＊

人が不可能だと思うのは、やりたくないと決めているときだ。（スピノザ）

＊

常識とは、非常識とみなされる前の非常識のことであり、非常識とは常識と認められる前の常識のことである。（不詳）

＊

苦渋の決断、と言う。

それはつまり、決断することはどんなことであれ決して楽なことではない、という意味である。

そして、このことは、どう決断したとしても、どっちにしろかなりのリスクがある、ということでもある。

であればこそ、人は決断を先送りするのである。その責任をとりたくないために。

しかし、それによって、悪い決断よりもっとひどいことになったというのは、歴史がみごとに証明している。

あのとき、何かしらの決断さえしていれば、こんな最悪の事態を招かなかったのに……と。

（佐野）

*

開き直った者がよく口にする言葉に、「本当のことを言って、何が悪い！」がある。

そうではない。そんな良いとか悪いとかの問題ではないのである。

そうすることによって、周囲にどんな悪いエイキョウが及ぶかが問題なのである。みんなが不幸になることだってあるわけで、先々のことを考えた上で口にすべきでないことは、たとえ本当のことであろうとも、言わない方がいいこともあるのだ。（不詳）

*

正義、真実は絶対的なものである、と信奉するのは個人の勝手で自由であるが、それは理想というものである。

理想は我々が思っているほどには、そうたいそうなものではなく、所詮、個人の理論的な

想いのことであって、ある意味、思い込みの産物にすぎない。（不詳）

＊

世の中の物事の多くは、善悪で決まるものではない。

善だから悪ではないと断言できないし、悪だからすべて排除しなければならないわけでもない。

なぜなら、悪にも悪徳とか必要悪というものがあり、善には偽善という悪の風上にもおけない善があるのだから。（佐野）

＊

誰かが言った。

「男には負けるとわかっている戦いに敢然と赴《おもむ》かなければならないときがある。また、死ぬという確率が百パーセントに近いと思われることであっても、あえて行かなければならなときがある」

と言うのも、男は、妙なところでバカであり、依怙地なところがあるからなのだろう。

いや、そうではなく、勝負や生死の問題を越えた意地みたいなものに突き動かされるからだろう。

ある意味、それが男の本能と言うか、野生の叫びなのである、としか説明ができない。（佐野）

＊

今までやったことがない、という言い訳は、やらないことの理由にならない。

（アニメ・ルパン三世Ⅴ）

＊

人はなぜ生きるか、何のために生きているのか。

それは、名誉、成功、幸福のためでは決してない。

なぜなら、それらは人生においてはほんの一瞬のものだからである。

では、何か。

それは、未知の感動に出会うためである。

これによって、今まで生きてきてよかった、とか、この日のために生まれてきたのであり、生きてきたのだ、と実感するためである。

身はいつか必ず滅び、名誉や名声はそのうちに地に墜ちて忘れ去られ、財産はカンオケには入れられない。

だが、感動は、死んだ後も残る。（佐野）

＊

飛行機は、向かい風があって飛び立つのであって、追い風に運ばれるわけではない。

（ヘンリー・フォード）

＊

みにくいアヒルの子が白鳥になったりするが、かわいい子犬はたいていブサイクになる。

（不詳）

＊

旅立ちする人に向かってかける言葉が、グッドラックである。

これすなわち、幸運がないと、旅行（あるいは企て）はうまくいかないということを如実に言い表した言葉である。

つまり、旅行では無事に帰って来られるか、また企てが成功するかしないかは、才能の有無やチャンスをうまく生かしたかどうかよりも、幸運であるかどうかが一番大事なことなのである。

したがって、日ごろの行ないとか努力などと関係しているかは、何とも言えない。（佐野）

＊

人間には、不幸か、貧乏か、勇気が必要だ。

さもないと、すぐつけ上がるから。（ツルゲーネフ）

＊

野球で、ランナーを塁にクギヅケにするために、ピッチャーはケンセイ球を投げる。

しかし、ときどき悪送球になることがあるわけで、そのときはランナーを次の塁に進めてしまうことになって、かえって何もしない方が良かった。何のためにやったのか、という結果になる。（佐野）

＊

人生とは語るものではなく、まず生きるものである。

たとえそれが生活ではなく生存であっても、まず生きてみなければ人生はない。

生きるということは、自分の意思で時間を刻むことである。（不詳）

＊

お金はときに自分を滅ぼしてしまいます。
お金は自分のためだけではなく、人を助けるために使うものです。
（ジョン・ロックフェラー）

＊

苦渋なくして下した決断は、決断とは言わない。
それは、ただの選択である。（佐野）

＊

「ふつう」というのは舗装された道だ。歩きやすいが、草花が育つことはない。（ゴッホ）

＊

一生のあいだにひとりの人間でも幸福にすることができれば、自分の幸福なのだ。
（川端康成）

＊

「先がどうなるか、わからん。思いどおりにはいかん。
だから、おもろい。
わかってしまったら、こんなつまらんことはないで」（不詳）

＊

ムダなのかもしれないが、ムダを排除するためには、まずそれがムダか否かを考えなけれ

ばならない。（不詳）

＊

勝ったからエライわけじゃないし、負けたからダメなんじゃない。負けたら負けたで、しょうがないんです（不詳）

＊

野心を抱く者は、それを達成しようと、目的に向かってとにかくがんばる。一方、夢を追い求める者は、そう言いながら、多くは運まかせである。（佐野）

＊

野心家は、そのことを秘して語らないが、夢を持つ者はやたら語る。（佐野）

＊

ブレないとかスジを通す人は、ただのガンコ者か、意固地な人間である。（佐野）

＊

なかなかあきらめない人は、単に往生際が悪いだけのことである。（佐野）

＊

人間が柔軟で、よく融通がきく人は、節操がないだけでなく、自分の意見や考えさえも持たない。（佐野）

＊

見るのと見えるのは違う。（不詳）

＊

朝に咲く朝顔、昼に咲く昼顔、夕方に咲く夕顔……。（佐野）

＊

化けの皮はいつまでもかぶっていられるものではない。

なぜなら、耐えられなくなってくるからだ。（佐野）

＊

どんなに下手であっても、好きであることこそが、本当の才能である。

そして、究極の才能が、下手の横好きである。

どんなに下手でも、そのことが、そうすることが好きで好きでたまらないと強く感じることができるという才能にまさる才能はない。（佐野）

＊

本当のムダとは、ムダから何も学ばないことである。（佐野）

＊

ムダなことをムダと思うことが、本当のムダと言うものである。（佐野）

＊

恋愛と面接試験は似ている。

とにかく、相手から気に入られたいと、一生懸命になることにおいて。いや、そうならざるをえないことによって。（佐野）

＊

幻想という字に、ファンタスティックとルビが振ってあった。（不詳）

＊

自分の好きなことは苦じゃないし、努力じゃない。（桜井賢《まさる》）

＊

世の中は、なぜ、どうしてなどのギモンに満ちあふれている。

だが、そんなおかしなことがずっと存続していること、それこそが存在理由でなくて、何であろう。（不詳）

＊

人生、どう生きるかは、とりあえずひと通りの勉強をしてから考えても、決して遅くはない。（佐野）

＊

体に悪いことをあえてしたり、してはいけないとわかっていてもやめられないことや、気まぐれなどは、脳の働きとは直接関係がないと思うのだが、脳学者はこのことを脳学的にどう説明するのだろうか。（佐野）

＊

自分の力で十分に手に入れることができるものを、神々に願うのは愚かなことだ。
（エピクロス）

＊

ひらめきとは、運と偶然の産物である。（佐野）

＊

他人をやたら批判するのは、自分を凡人だということを認めたくない人間の特質である。（佐野）

＊

挫折の多くは、自業自得である。（佐野）

＊

浦島太郎は竜宮城でたいへんなおもてなしを受けたわけが、その代償は大きかった。いきなり老人となり果てたのだから。わずか数日のことのためだったのに。（佐野）

＊

ベッドは世界でもっとも危険な場所である。八十パーセントの人がそこで死ぬのだから。（マーク・トウェイン）

＊

誕生日　オレは幾つになったやら　知りたくもあり　知りたくもなし　（林家木久扇）

＊

高い所にのぼる人は、みんなラセン階段を使っている。（ベーコン）

＊

人の心はパラシュートのようなものである。開かなければ、使えない。（ジョン・オズボーン）

＊

私たちは、苦難は忍耐を生み、忍耐は練達を生み、練達は希望を生み、希望は失望に終わることがないと知っています。（新約聖書）

＊

頑張《がんば》るだけが能じゃない。何事もほどほどに。（岡見清熙）

＊

人間は好き嫌いで動くものだ。論法で動くものではない。（夏目漱石）

＊

（精神病院において）まともな言動は異常と判断される。
笑顔を見せれば、妄想か病的興奮。
笑顔がなければ、うつ病。
無表情でいれば、極度に内向的か緊張病。（映画・チェンジリング）

＊

出《いず》る月を待つべし。散る花を追うことなかれ。（中根東里）

＊

賢いとは、多くを知っている人ではなく、大事なことを知っている人だ。（不詳）

＊

誰だって忘れたいと思うさ。
いろいろつらいことや不愉快なことは。
忘却は民衆の知恵だっていう言葉もあるくらいだ。（木下順二）

もっともよく踏みならされた、またもっとも人通りの多い道ほど、どれもみな多くの人を迷わせるものである。（セネカ）

＊

貧相な頭脳がもっとも強固な偏見をもって解決するところのもの、それがプライドであり、愚者に必ずつきまとう悪徳である。（ホープ）

＊

道徳なんてものは意気地なしで社会に生存できない奴が自分を保護する武器として作ったものだ。（内田魯庵）

＊

人間はひとりひとりを見ると、みんな利口で分別ありげだが、集団をなせば、たちまち馬鹿が出てくる。（シラー）

＊

いかなる教育も、逆境に及ぶことなし。（ディズレーリ）

＊

ながらえば　またこのごろや　しのばれぬ　憂しと見し世ぞ　今は恋しき（藤原清輔）

＊

偽善者はすばらしい約束をする。約束を守る気がないからである。

それに、費用もかからず、想像力以外の何の苦労もいらない。（エドモンド・バーク）

＊

途方もなく大きいプライドを、とんでもなくケチな人間が持っている。（ボルテール）

＊

私のまねをしてはいけない。

私は、私のやり方で成功できたが、あなたはきっと失敗するだろう。

これは、私だから成功できたとしか言えないのだ。（リスト）

＊

人は年を取る。変わるのが当たり前だ。（黒澤明）

＊

小さな、ささいなトラブルや災難を避けようとして、そのことでかえって大きなトラブルや災難にあうことがある。（佐野）

＊

将棋や囲碁で、失敗したりミスした手を悪手という。

だが、たとえ悪手だったとしても、相手がそれに気づかなかったり、見逃していたら、悪手とはならない。

悪手とは、相手にそこをつけ込まれた手のことを言うのである。（佐野）

＊

強いから勝つのでも、勝ったから強いのでもない。

致命的なミスをしなかったから勝つのである。（佐野）

＊

自由の身っていうのは、いろいろと金がかかる。（映画・監獄島）

＊

性格円満の天才は天才ではない。
何かしらの狂気を宿しているからこそ、天才なのである。（佐野）

＊

エリートと呼ばれる人種の多くは、世間のことをあまり知らなければ、常識もそれほどわきまえてはいないにもかかわらず、ただ自分はとてもすぐれていると勝手に強く信じている者たちのことである。（不詳）

＊

「不満」がないことは、必ずしも「満足」を意味しない。（佐野）

＊

めったに起こらないような大きな幸運で、人間が幸せになれることはほとんどない。
幸せは日々の小さな前進が運んでくれるものである。（フランクリン）

＊

運で手に入れたものは手元を離れやすいが、努力で手に入れたものは一生残る。

努力は「減らない貯金」。日々の努力の積み重ねは、必ず幸せにつながる。（フランクリン）

努力は幸福を手に入れるための手段ではなく、努力そのものが幸福を与えてくれるのである。（トルストイ）

＊

私は貧乏だったことがない。
ただ金欠だっただけだ。
貧乏とは心の有り様を言い、金欠とは一時的な状況を言う。（マイケル・ドッド）

＊

宝の山は、本当は宝の山ではない。
正確に言えば、宝が隠れている山のことである。（佐野）

＊

宝の山でない山は、まだ宝の山だと誰も気づいていない山であり、宝を捜そうとしないだけの山でもあるのだ。（佐野）

＊

卵を割らずにオムレツは作れない。（フランスの格言）

＊

ゴミとゼニは汚いところに集まる。（黒澤明）

＊

才能は本来の才能とは別に、持続するという才能があって、そしてこの二つが両輪となってはじめて才能が発揮されるのである。（佐野）

子どもたちに自分の学んだことのみを教えてはいけない。なぜなら、彼らはちがう時代に生まれているのだから。（ユダヤ教徒）

＊

忙しいからといって、本当に仕事をしているとは言えない。すべての仕事の目的が実施され、あるいは達成されるには、忙しく汗をかくのと同じくらいに、将来の見通し、システム、プランニング、情報、正しい目的が必要なのだ。ただ仕事をしているように見えるだけでは、何もしていないのと変わりないのである。（エジソン）

＊

自己顕示欲は、何か強いコンプレックスの裏返しである場合が多い。（不詳）

＊

人生においてもっとも耐えがたいことは、悪天候が続くことではなく、雲ひとつない晴天が続くことだ。（ヒルティ）

＊

スポーツ万能とは、すべてのスポーツにすぐれていることを言うのではなく、すべてのスポーツが下手ではないということにすぎない。（佐野）

＊

適材適所と言う。

これすなわち、ある部署では有能であっても、他の部署では役立たず、ということである。（佐野）

＊

「一生を棒に振りし男、ここに眠る」

これは、高村光太郎の墓標の句である。

彼は、太平洋戦争において軍に全面的に協力をしたことを、痛切に後悔し、戦後数年は、寒い地方のあばら家にひとり住んでいた。

おそらく、この句は、そのことを示したものであろう。

しかし、自《みずか》らを強く戒め、律したことには、ささやかながらも、誇りを抱いたと思われる。

彼にして、なお一生を棒に振るという言葉は、並大抵のことではない（佐野）

＊

どっちへ行きたいかわからないなら、どっちの道を行ったってたいした違いはない。

（ルイス・キャロル）

＊

死を初めて想う。それを青春という。（山田風太郎）

＊

我々の幸福の九十パーセントは、健康に依存している。（ショーペンハウワー）

＊

本田静六という人は、東大教授でありながら、投資によって莫大な利益を得た。が、そのすべてを匿名で寄付して、生涯質素な生活を送った。

こういう人を賢者の中の賢者と言うべきである。（佐野）

＊

小林一三は、有名な阪急電車や宝塚歌劇団などの創業者である。

が、彼は三十四歳まで、勤めていた銀行では、どこにでもいるようなただのダメ社員だった。

世の中は、将棋のように、捨て駒の歩が、突然、金になることがある、ということを証明した人だったのだ。（佐野）

＊

ダーウィンは、父親の強い意向で、無理に医学部に進学させられた。

しかし、死体を見ると吐き気や頭痛がしてとても実地勉強どころではなかったので、大学を中退した。

その後、彼は動物や昆虫の研究みたいなことをしていた。

彼が有名な進化論を発表した「種の起源」を出版したのは、五十歳のときだった。

遅咲きの人生だったが、それもやむえないことで、プライベートでは病気がちで、いろいろとトラブルをかかえていたらしい。（佐野）

＊

暗いところでしか見えないものもある。（映画・緑色の髪の少年）

＊

雑草とは、その美点がまだ発見されない植物である。（エマーソン）

＊

悲しい話は夜するな。
どんなつらい話も、昼したらたいしたことはない。（島田洋七の祖母）

＊

あんまり勉強するな。勉強すると癖になるぞ。（島田洋七の祖母）

＊

酔えばあさましく　酔わねばさびしく　（山頭火）

＊

どんな長所や徳のある行為にも、それと似通った短所や不徳があるもので、一歩を踏みはずすと、思ってもみない過ちを犯すことがある。

寛大さは、いきすぎれば甘やかしになる。節約はケチになり、勇気は向う見ずになり、用心深さは臆病になる！（チェスターフィールド）

＊

おおよそ古《いにしえ》より国を誤る者は愚人にあらずして才子なり。（陸羯南《くがかつなん》）

＊

ふまれてたんぽぽ　ひらいてたんぽぽ　（山頭火）

＊

私たちの知っている偉大なものは、すべて神経質な人からきたのものである。（プルースト）

信念とは、ひとりよがりのことであり、独善の別称である。（佐野）

＊

天才とは、努力が報われることの多い人間のことである。（佐野）

＊

自分がどれだけで通用するか試したいと思うことこそ、思い上がり以外の何物でもない。

そしてそれは、たいした根拠のない自信による。

が、そんな自信はカンタンに打ち砕かれる。

大事なのは、そこからどう立て直すか、である。（佐野）

＊

よく女の子が口にする言葉がある。

「わあ、信じられない……」

信じられないとは、現実を受け入れられないか、信じたくないか、のどちらかである。

ただ、女の子たちの場合は、カマトトぶっているか、かわい子ぶりっこしているかのどちらかである
そもそも、人間は、信じたくないことは、たとえそれが現実であり事実であっても、決して信じないものであるが。（佐野）

＊

「チリも積もれば、山となる」

このことわざは、事実に反している。なぜなら、チリはどんだけ積もっても、山になるどころか、ふもとの時点で風に吹きやられてしまうからである。

落ち葉が積もらないのに、チリごときが積もるはずがない。それに、チリは浮遊するものである。（佐野）

＊

何でもお見通しで、自信マンマン、余裕綽々《しゃくしゃく》の主人公が活躍する小説やテレビドラマほど、くだらないものはない。（不詳）

＊

美しい景色を探すな。景色の中に美しいものを見つけるんだ。（ゴッホ）

＊

三分の能力、七分の運。（中国のことわざ）

＊

読書と酒は似ている。

大酒すると、自分が自分でわからなくなるように、本の世界に没入してしまうと、現実とフィクションの区別がつかなくなる。

言うならば、どちらも、現実逃避の手段なのである。（佐野）

＊

現実とは何か。

それは、人はいつか必ず死ぬということであり、長生きすれば確実に老いるということに他ならない。

しかしながら、アニメの主人公たちは、わずかな例外はあるにしても、「サザエさん」を筆頭にほとんどすべて、死や老いから免れている。

すなわち、老いや死がないのは、すべて夢物語にすぎないのである。（佐野）

＊

真の苦労は人目につかない苦労である。

人目につく苦労は虚栄心さえあれば、らくにできる。（ラ・ロシュフーコー）

＊

煙を立てずに火はおこせない。（イギリスのことわざ）

＊

明日は明日の風が吹く、という。

だが、明日には明日の災いがあるかもしれない、と知るべきである。（不詳）

＊

魚は餌《えさ》を見て釣り針を見ない。

人間は利益ばかりを見て、そこに隠された禍を見ない。（ザンダール）

＊

栄光というものは、水面の波紋のようなもので、広がっていく間は決して止まらないが、広がりきったところで空しく消えてしまう。（シェークスピア）

名声なんて、バカげたまったく当てにならないものです。時にはそれに値しなくても入ってくるし、いわれがなくても、失うことがあります。（シェークスピア）

＊

相手が勝ち誇ったとき、そいつはすでに敗北している。（アニメ・ジョジョの奇妙な冒険）

＊

十パーセントの才能と二十パーセントの努力、そして三十パーセントの臆病さ、残る四十パーセントは運だろうな……。（マンガ・ゴルゴ13）

＊

励ましの言葉の多くは、ただの気休めにすぎず、口先だけでまったく根拠がない。明日はきっといいことがある、または、陽はまた昇るとか。誰にでもそんなこと、起こるわけがない。宝くじに当たるのは、ほんのわずかなのである。（不詳）

＊

どちらがより利益があるか、または、楽であるか、を基にして選択すると、たいていロクなことにはならない。（佐野）

＊

人間の長所は、欠点があることである。（ユダヤの格言）

ある人に合う靴も、他人には窮屈である。
あらゆるケースに通じる人生の秘訣というものはない。（ユング）

＊

無茶だと？　茶がないくらい、なんだ！（不詳）

＊

平和とは、戦争の先延ばしにすぎず、さらに言うならば、平和とは戦争と戦争の間の小休止の期間のことを言う。

すなわち、戦争を抜きにしては、平和を語れないのである。（佐野）

＊

見えない未来を夢見て。（藤井ヒミヤ）
※未来が見えないからこそ、夢を見ることができる。
江戸時代は身分制度がはっきりしていて、未来が見えないから、夢などなかった。
先を見通せる未来はすでにして未来ではない。
現在の延長にすぎない。（佐野）

十五　不幸と少し関係があること——後篇

野生動物は、常に悲劇的な最期を迎える。（シートン）

＊

何げない生活の中にこそ、ドラマがあるのです。（アーサー・ミラー）

＊

目標を達成したからといって、目的が達成されたわけではない。（不詳）

＊

努力に優《まさ》る才能なし、と言う。

いや、そうではない。努力できることこそが、才能なのである。（佐野）

＊

簡単にものごとを信じないことだ。専門誌のネイチャーやサイエンスに出ているものは、九割がウソだと思うことにしている。

論文や書いてあることを信じず、自分の頭で考え、納得するまで研究することが僕のやり方。（本庶佑）

＊

何かを知りたい、不思議だなという心を大切にすること。教科書に書いてあることは信じないこと。カンタンに信じないこと。（本庶佑）

＊

すぐれた理論の多くは、机上の空論である。（不詳）

＊

早く着けば、その分長く待たされる。（佐野）

＊

何事も忍耐を必要とするものは、長くは続かない。（佐野）

＊

才能が開花した、と言う。

これからわかるのは、才能は持っているだけでは、宝の持ち腐れとなるだけであって、花を咲かせることによって、初めて本当の才能と言えるのである。（佐野）

＊

どんなにすぐれた組織にも、ピンからキリまでの人間がいる。。

＊

高みを目指すのはいいことだが、高いところは空気が薄い。それに耐えることができなければ、目指すべきではない。（佐野）

＊

舌は誓ったが、心は誓わぬ。（エウリピデス）

政治の仕事なんぞは今日この頃では、もはや学のある人や性根の正しい人間のすることではありえませんや。無学文盲の、やくざ風情に手ごろのものですね。

（アリストファネス・古代ギリシャの劇作家）

＊

希望とは、目ざめている夢である。（アリストテレス）

＊

夢の実現や目標の達成のためには、何か大切なものをギセイにしなければならない。その覚悟なしには、夢や希望を持ったり、目標を立てたりするのは、無謀と言わなければならない。（佐野）

＊

心身共にボロボロになってまで、夢や目標は、実現するだけの価値があるだろうか。（佐野）

＊

子どもたちの夢をこわしてはならない、と言う。

それはつまり、現実を子どもたちに見せるな、教えるな、ということに他ならない。

はたして、そんなことでいいのだろうか。

現実を知ることの方が、夢をこわさないことよりずっといいのではないだろうか。

なぜなら、遅かれ早かれ、いずれ現実とは正面から向かい合わなければならなくなるのだから。（佐野）

現実離れしているからこそ、それを夢というのである。

現実に近いものだったら、それは夢ではない。（佐野）

＊

陸上競技で、ベストのタイムをその人の持ちタイムと言う。

だが、それは、おうおうにして競技者自身を束縛することになっている。

なぜなら、ベストタイムを出してしまったなら、その後のレースでずっとそれ以上のタイムを出すことを要求されるからである。

このことは、競技者にとって呪縛以外の何物でもないわけで、こんな不幸なことはない。

ベストタイムが、まぐれだったり、幸運だったから出せた場合、これを実力とみなされたら、もう悲劇としか言いようがない。

ベストとはピークの別称でもあり、限界と言い換えられる。

応援する者は、「限界を超えろ」と無責任なことを平気で口にするが、そういうおまえこそ何か限界を超えたことがあるのか、と言いたい。（佐野）

＊

数学とは、歴代の天才たちが発明、発見してきた学問のことなのだから、それらを理解することは一般人の能力をはるかに超えているわけで、したがって、数学が苦手、数学嫌いというのは、ある意味、当然のことだと言える。（佐野）

＊

期待と書いて、プレッシャーと読む。（佐野）

＊

功成り、名を遂げて、身を引くは、天の道なり、という。

それはつまり、山の頂上に到達したら、降りろ、ということである。

なぜなら、長くとどまることにたいした意味はないからである。

それに、降りられるときに降りないと、天候の急変などによって、滑落するかもしれないから。（佐野）

＊

「正々堂々と戦うことを誓います」

これをスポーツマンシップというわけだが、しかしながら、バスケットボールにはフェイクがあり、バレーボールにはフェイントがあるし、サッカーにはオフサイドトラップという巧妙な罠が仕掛けられる。

また、野球においても、盗塁や卑怯と思える隠し玉という、あまりフェアーとは言えないトリックプレーが公然とまかり通っている。

あるいは、捕手が打者に向かってやたらと話しかけたりして集中力を乱すこともよくあることだ。これらのことを含めて、何が正々堂々だ、と半ばあきれてしまう。

そして、その極端なことが、ドーピングである。

いっそのこと、競技者全員がドーピングすれば、何の問題もなくなるのではないか。（佐野）

＊

貧すれば、鈍すると言う。

だが、賢者の富めるは、まれなり、とも言う。（佐野）

＊

恵みの雨も今は昔のことになってしまった。

現在は、大水害を引き起こす恐怖の雨と言い換えるべきである。（佐野）

＊

臭いものにはフタと言う。そのためには、そのフタに麗しくかぐわしい香りをつけなければならない。そのことを美談と言う。（佐野）

＊

何かやりたいことや、やらなければならないことがなく、それが見つからない人は、生きていくのがむずかしい。

だからといって、そういうのがある人は、逆にそれに縛られて、生きていくのが辛く厳しい苦難の道を歩むことになる。（佐野）

＊

どんなに強い絆で結ばれていたとしても、所詮、それは糸にすぎないから、切れやすい。

鉄の団結についても同じことが言える。

錆びてボロボロになるのは鉄の宿命なのだから。（佐野）

＊

運命の出会いと言うのに、運命の別れとは言わないのはなぜだろうか。

おそらく、別れは、運命とは無関係だからだろう。(佐野)

＊

虎の威を借りるキツネと言うが、借りてはいない。利用しただけである。(佐野)

＊

変身するのはむずかしいが、変心するのは容易である。
心とはそんなにも軽いものなのである。(佐野)

＊

起訴をものにするために、証拠をねつ造できるか。ノー。
自白させるために、なぐれるか。ノー。
更生の見込みなしの容疑者を撃ち殺せるか。ノー。
それなら、刑事は無理だ。(映画・LAコンフィデンシャル)

＊

賢明でない者に対して、賢明な判断を求めるのは、無理というものである。(佐野)

＊

エリートとは、自分の非をいっさい認めない人種のことである。

八十歳をとうに過ぎた元エリートが人身事故を起こしたとき、ブレーキを踏んでもいないのに、ブレーキがきかなかったのが原因であると、強く主張した。(佐野)

＊

恋愛結婚の多くは、一時の気の迷いによる。

または、現実をあえて見ないことで成立する行為である。（佐野）

＊

理のつく言葉の多くは、非現実的なものばかりである。その点、夢に似ている。理想、理念、理論、原理（主義）……。（佐野）

＊

親にとって本当に良い子とは、他人に自慢できる子などではなく、老後の面倒をちゃんとみてくれる子のことである。

どんなすぐれていようが、親とはノータッチの子は、ろくでもない子である。

なぜなら、すぐれた子は、それゆえにたいてい親をバカにしているからである。

したがって、本当の意味での親バカとは、自慢の子からバカにされている親のことなのである。（佐野）

＊

死ぬほど辛くきつい目にあい続けてまで、それでも生きなければならないものなのだろうか。（佐野）

＊

努力がムダになることもあるかもしれないが、ムダな努力というものは決してない。

あるとするならば、それは、本当の努力をしなかったからである。（佐野）

＊

涙は心を浄化するものである。

泣かない人間の心はすさんでいる。（佐野）

＊

内助の功というものは、奥さんの助けや支えによって夫が成功したことを言うのではなく、夫のジャマをほとんどしなかったことを言うのである。（佐野）

＊

非常識な言動をするのは、非常識な人間だからであり、そういう者に常識を押しつけようとするのは、非常識というものである。（佐野）

＊

大雨より日照りの方がいい。

水は生きていく上でなくてはならないものだが、同じ水が多くの家屋や人命を奪い去るのを見るにつけ、こんなことなら雨が降らない方がいい、とつくづく思う。（佐野）

＊

情熱的なことばは、必ずしも情熱的な恋のしるしではない。（チェーホフ）

＊

偽善の最たる言葉その一、罪を憎んで、人を憎まず。

そんなわけがない。そもそも、罪を憎むという意味が何なのかよくわからない。

こんなことが言えるのは、被害者や被害者家族、あるいは遺族ではないからだ。（佐野）

＊

偽善の最たる言葉その二、疑わしきは、罰せず。

本当にそうなら、相も変わらず、エン罪がなくならないのは、どういうわけか。

実際は、疑わしき者はみな起訴しろ、ではないのか。

それどころか、疑わしくない者まで、勝手に疑っている。

テレビの刑事ドラマで必ず刑事が口にするセリフがある。

「我々は、人を疑うのが商売ですから。まったく因果な商売ですよ」

この言葉の中に、エン罪が発生する原因がある。

さんざん疑っておいて、真犯人が捕まっても、スミマセンの一言もない捜査官がけっこういると言う。

何が因果な商売か、だ。一方的に勝手に疑ってもまったく罪悪感のない商売が。（佐野）

＊

人間は時に是非善悪を越えて、何かをせざるをえないことがあります。（候生）

＊

知性とは、知識の分量ではなく、ものを正しく見、感じ、知って、正しく判断する力のことである。（不詳）

＊

束《つか》の間とは、幸せの枕詞《まくらことば》である。

よくテレビドラマのナレーションで聞くではないか。

そんな幸せも、長くは続きませんでした……と。（佐野）

＊

大事にされるには、二通りある。ひとつは、文字通り、大事に育てられることを言い、もうひとつは、まるで腫《は》れものでもさわるように注意深く扱われることである。後者は、病弱な子の場合が多い。そして、腫れもの扱いの子は、自分が特別な存在だからそうされていると勘違いする。（佐野）

＊

名声は人を支配者に変える。
名声は人を好き勝手にさせる。
名声は人を空しくさせる。
名声は人を狂気に駆り立てる。（映画・フォックスキャッチャー）

＊

正当化する行為は、一般的に正当化できないことだからである。（佐野）

＊

天真爛漫《てんしんらんまん》ということは、自己中心的で他人をかえりみず、本能のままに生きることだが、当然、子供は純真な分だけ、身勝手で他人への思いやりに欠け、場所や立場を考えず、泣きたいときに泣き、食べたいときに食べようとする。

老人もそれと同じ……。（渡辺淳一）

＊

正論とは、ひとにぎりの人間が考えた屁理屈《へりくつ》……。（渡辺淳一）

＊

期待は、残酷だ。（映画・1917）

＊

あなたは最低の人間ではないけれど、そういう生き方をしている。
（映画・ソーシャルネットワーク）

＊

先生と呼ばれるほどのバカではないが、先生とは呼ばれない程度のバカである。（佐野）

＊

幻に、ゆめとルビが振ってあった。（不詳）

＊

天賦《てんぷ》の才は、強烈な副作用を伴う。
それが異常とも取れる言動となってあらわれるのである。
したがって、そんなことがない天才は、本当の天才ではない。（佐野）

＊

そもそも天賦の才というものは量が多いものだから、それが生身《なまみ》の人間に注ぎ込まれたなら、あふれ出してしまうのは当然のことである。

そしてそのことによって、天才は異常な言動に走らざるをえなくなるのだ。（佐野）

＊

天才とは、天賦の才というものによって心身共に乗っ取られた人間のことを言うわけで、

これはもう幸不幸以前の問題と言わなければならない。（佐野）

＊

慈愛《じあい》とは、自愛の変種のことである。（佐野）

＊

世の中には、見かけ倒し、看板倒れ、評判倒れのものが、けっこうある。（佐野）

＊

強さに二つのものがある。ひとつは、本当の強さで、もうひとつは、そう見える仮の強さである。

仮の強さは、無知であるがゆえに、また、未経験のために、そして非常識による強さである。そのことを象徴するのが、いわゆる、ビギナーズラックである。

しかして、仮の強さは、そう何度も発揮されることはなく、あとで、まぐれだったと切り捨てられる。（佐野）

＊

自分ことを嫌う人がいるということは、自分が自由に生きるための代償であり、自分が自由に生きていることの証拠である。

他者に嫌われてもかまわないと思うこと、他者の評判を気にしないことが、自由に生きることの出発点である。（宮崎駿）

＊

「結婚もせず、こどももいない――。

振り返れば捨ててきたことも多く、好きなことを追い続けた自分を『卑怯だったかな』と思う時もありますが、『すべてを手に入れることはできない』と悟っています」

（戸田奈津子）

＊

慣れとは、キン張感が欠如した状況のことである。（佐野）

＊

謙譲は、やはり自らを高しとするところから出てくるものであり……。（佐高信）

＊

安全第一に行くのは、カンタンである。（不詳）

＊

昔、不良であったことをジマンする、今はマトモな生活をしている人の話を聞かされることがある。

これが商品であったら、不良品であり、欠陥品であるということでもある。

なのに、そのことをジマンするという、その神経がわからない。（佐野）

＊

無限の可能性は、同時に無限になにもないことを意味している。

青春時代は大志に胸にふくらませながらも、同時にふくらんだ胸の内容は空疎で、自分はいったいなに者はなのか？　やがて実社会に出て、人生と斬り結んでいく能力があるのかないのかという不安が同居している。（森村誠一）

学生時代は親の期待のために生き、社会人時代には家族や会社や、自分が所属するもののために働き、リタイヤ後は自由のために生きる。（不詳）

＊

人生において近道をしたがる者はたいてい落とし穴に落ちたり、かえって遠回りになったりする。

日常に埋没することを嫌う者は、非日常の世界に脱出を試みるが、結局、どちらの住人にもなれない。（森村誠一）

＊

屈辱の味を知らぬ者は、人間性が希薄になる。（森村誠一）

＊

人間は、満足したら、おしまいです。（不詳）

＊

わずか数センチのとてもカンタンなパットをはずすこともあれば、十メートル以上の長いパットをねじ込むこともあるのが、ゴルフである。（佐野）

＊

たかが子どものときのペーパーテストの点数が高かったことくらいで、自分は他の連中に比べて数等すぐれているという鼻持ちならないエリート意識を抱いていることを、おバカの証明と言わずして何と言おう。（不詳）

人を用うるの道は、その長所をとりて、短所はかまわぬことなり。（荻生徂徠）

＊

意志あるところに道あり。（イギリスのことわざ）

＊

人に説くことを、自分でも実行しなさい。（プラクティス・ワットユープリーチ）

＊

自分の能力以上のことをやろうとするな。（プラクティス・ワットユープリーチ）

＊

心配とは、想像力の誤用である。（アフリカのことわざ）

＊

船長だからといって、船員のひとりであることを忘れるな。（アフリカのことわざ）

＊

賢者は、多くのことを敵から学ぶ。（アリストファネス）

＊

こんなに多くの子供が利口なのに、こんなに多くの大人がこれほど馬鹿だということがどうして起こるのだろう。

それは、教育のせいにちがいない。（デュマ・フィス）

＊

忠実さとは、欲望の怠慢である。（アンリ・ド・レニエ）

＊

世間は正直者でいっぱいだ。
悪いことをするときの不器用さで、正直者かどうかわかる。（シャルル・ペギー）

＊

思想を持たずにそれを表現すること。それがジャーナリストのやっていることだ。
（カール・クラウス）

＊

いかなる悪徳も、外面にいくらかずつ美徳のしるしを見せている。
それをせぬような、そんな愚直な悪党はかつていなかった。（シェークスピア）

＊

人間とは、必要に迫られないかぎり、善を行なわないものだ。（不詳）

＊

感謝するに値するものがないのではない。
感謝するに値するものを、気がつかないでいるのだ。（中村天風）

＊

名誉を愛するのは、人から評判を聞いて喜びたいからにすぎない。
名誉はまた、人からの妬《ねた》みの原因になる。（不詳）

＊

孤独は思索の巣なり。

人はひとりで生まれ、ひとりで死んでいく。

孤独の中では人は、自分を見つめ、哲学する。

孤独な生き物、これが人間。

それでいいんだよ。(ジャコメッティ)

＊

身長が伸びるのを、成長すると言う。

だが、体重が増えるのは、成長と言わずに、太ったという。そして、問題視する。

すなわち、大人になったら止まるのを成長と言うのであって、大人になっても増えるのは成長とは言わない。

したがって、本当の成長とは、大人になってからも伸びることなのである。(佐野)

＊

生き甲斐とは、人が志を持ち、その志を実現してゆこうとする努力の過程において、感動的な体験を味わうことだと言えよう。

その感動が深く大きいほど、生き甲斐は充実する。

その感動は志が大きく、努力が大きいほど深く大きくなる。(会田雄次)

＊

運命は神が考えるものだ。人間は人間らしく働けば、それで結構だ。(夏目漱石)

＊

苦悩の多くは、自分で自分を追い込んだことによる。言うならば、勝手に苦悩しているもの。自縄自縛であり、ひとりで踊っているにすぎない。（不詳）

＊

よい判断は経験に学び、悪い判断は経験を生む。（不詳）

＊

有能な人間は失敗から学ぶから有能なのである。成功から学ぶものなど、たかが知れている。（不詳）

＊

ひとびとは閑暇を犠牲にして富裕をうる。だが、富裕をはじめて望ましいものにする唯一のものである自由なる閑暇が、富裕のために犠牲にせねばならないならば、私にとって富裕が何になろう。（ショーペンハウアー）

＊

感受性が強過ぎると不幸をもたらし、感受性がなさすぎると犯罪に導く。（タレーラン）

＊

なぜ人は自慢するのか。それは、人は称賛されることに飢えているからであって、ただ誰もそうしてくれないから、自分で自分をほめるしかないという、その結果である。すなわち、自慢とは、自慰行為なのである。（佐野）

「窮すれば、通ず」などとは、まだ本当に窮していない時に通じた言葉でしかない。
（河辺虎四郎）

*

とかく勝利の後においては、些細なことでも誇張的に美化されやすく、敗戦の後には、時には事実がまげられてさえ、醜悪化されて批判や悪口の対象とされる不快な事実そのことである。（河辺虎四郎）

*

神が苦悩に満ちた現世の人間を、おだてながらだましだまし来世まで誘導していくために発行する空手形のことを、希望と言う。（梶山健）

*

虚栄（心）――自分が秀《ひい》でてもいないのに、他人からはえらいと称賛されたいと望む、もっとも人間的なパッション。（梶山健）

*

何の問題もない、とか言うが、それこそが一番の問題なのである。
なぜなら、そんなことは絶対にありえないからである。
本当は、問題がないのではなく、問題があることに気づかないだけなのである。
このことは、人間の悩みも同様である。
何の悩みもなく、幸せそのものである、なんてことがありえないように。

悩みはどこかに必ずひそんでいて、スキあらばと狙っていると言うのに。

昨今、世の中は、やたらと想定外のことがひんぱんに起こっているのだから。（佐野）

＊

気にはしていない、意識なんかしていないと言うそのことが、十分気にしているし、意識していることに他ならない。（佐野）

＊

伝統とは受け継ぐものではなく、改革するものである。（不詳）

＊

健康であるがゆえにジョギングしているわけで、ジョギングしたから健康になったのではない。（梶山健）

＊

よく明治生まれの人は丈夫だ、とても彼らにはかなわないとボヤく若い連中がいるが、これもおかしい。

明治生まれの人は大半が死んでしまっており、のこっているのは頑健な選良だけなのだから。（梶山健）

＊

災難は台風のようなもの。

次から次へとやってくる。（佐野）

＊

老醜とは、歳を取ることによって、体ばかりか心も醜くなっていることを言う。(佐野)

＊

才能や能力は、歳とともに確実にすり減っていくものである。

そして、そうでない人を、天才と呼ぶ。(佐野)

＊

友情は「悲しくなるほど稀《まれ》」なのだし、愛情は「年齢とともにしぼむ」(モンテーニュ)

＊

物忘れがひどい人にかぎって、どうしても忘却してしまいたいことは、いつまでも忘れないものだ。(佐野)

＊

失敗という土台の上に成功があるように、不幸という強固な土台のない幸せは、幸せとは言わない。(佐野)

＊

女性は、白馬に乗っているというだけで、その男を王子と思い込み、だまされる。(不詳)

＊

走っているときに応援するのがファンではないよ。

辛い時に応援してくれるのが本当のファンだよ。

おれたちが応援するから、がんばれよ……と。(箱根駅伝での鷲見選手の言葉)

＊

「大人になると言うのは、どういうことですか？」

「いやあ、オレは大人じゃないからなあ（大人になっていない）」

この答こそ、大人の証明である。

タバコを吸ったり、酒を飲んだりして、いっぱしの大人を気取っている未成年者がいるが、そんなことをしてカッコつけたからといって、誰も大人だとは認めてくれない。

それどころか、かえって未熟者であることを自分自身で証明しているようなものである。

そう、ただいい気になって、背伸びしているようにしか見えないのだから。（佐野）

＊

大丈夫でない者にかぎって、大丈夫かと聞かれて、大丈夫ですと答える。

この場合、聞く方がおかしいのである。

問われた方は、大丈夫かどうか、見ればわかるだろうが、と内心思っているはずである。（佐野）

＊

楽《らく》して生きられる、などということはまずありえない。

なぜなら、人生は旅にたとえられるからである。

旅は英語で、トラベル。そして、その語源は、トラブル、である。

すなわち、旅はその昔、トラブルの連続だったからに他ならない。

これで、楽《らく》しようなんて、無理難題であると言わなければならない。（佐野）

＊

ひとりで考えれば当然気付いたことが、集団で考えることによって「誰かが考えるだろう」という他者への過度の依存や「みんながいるから、何があっても何とかなる」という過信を生み出し、思考することを停止してしまう。（不詳）

＊

アニメ「君の名は。」に描かれているキセキ的な運命で結ばれる若い男女の物語は、そこで終わっているからいいのである。

なぜなら、本当に大事なのは、結ばれて結婚して以降の人生なのだから。

そして、キセキ的偶然で結ばれたことが、その後の人生をとても豊かなものにしてくれるという保証はどこにもないのである。

また、キセキ的運命で結ばれたからと言って、本当にそれが運命だったとはかぎらないわけで、単なる偶然の積み重ねか、大いなるカンチガイかもしれないのだ。（佐野）

＊

ラッキーだったことが、結果として逆にアンラッキーだった、ということがある。

たとえば、野球で相手チームが凡ゴロや凡フライをエラーしたとき、これはラッキーである。

そのとき、つい欲張って二塁へ走り込んだはよかったが、相手チームが味方のエラーをうまくカバーして、二塁でアウトになってしまって、アンラッキーだったということもある。

言うならば、ラッキーにもぬか喜びがあるわけである。（佐野）

＊

君子　危《あや》うきに近寄らず、と言う。

が、そうではない。

君子は事前に危険を察知する、という意味である。

つまり、君子は日頃から集中力があるということだろう。あるいは、全集中か……。（佐野）

＊

「癒《いや》し」は、音では「卑し」に通じる。（岡崎武志）

＊

私探し——自己への過大に膨張した幻想。（岡崎武志）

＊

本当の人生は、定年後から始まる。

なぜなら、それまでは家族のため、あるいは仕事のために自分を犠牲にして生きてきたわけだから。

伊能忠敬の人生が、そのことをよおく教えてくれる。（佐野）

＊

青春とは、人生のある期間を言うのではなく、心の持ち方を言う。

青春とは臆病さを退ける勇気、安きにつく気持ちを振り捨てる冒険心を意味する。

ときには二十歳の青年より六十歳の人の青春がある。

歳を重ねるだけでは、人は老いない。理想を失うとき、はじめて老いる。

頭を高く上げ、希望の波をとらえるかぎり、八十歳であろうと、人は青春の中にいる。

（サムエル・ウルマン）

＊

子どものときや若い頃は、誰でも夢を持っている。
が、本当の夢は六十代になってから持つものである。（佐野）

＊

子どものときや若い頃は、努力しさえすれば、勉強もスポーツも普通に伸びたものである。

ところが、大人になってから、どんなに努力してもあまり成果が上がらなくなった。（佐野）

＊

すべては、運次第である。運に恵まれなかった成功はなく、運に恵まれた失敗もない。
（佐野）

＊

トップの者がいるところには、必ずビリもいる。（佐野）

＊

何かを手に入れるためには、何かを手放さなくてはならない。
簡単に手に入るものに、重要なものは何もない。（星野博美）

＊

しぐるるや　死なないでいる　（山頭火）

＊

ひとりになりきれない　空を見あげる　（山頭火）

美質と欠点は、背中合わせの関係にあるのだ。（山頭火）

＊

教養やプライドは、うまく生きることを、ただジャマするだけのものでしかない。（佐野）

＊

勝ち戦であっても、必ず戦死する者はいる。（佐野）

＊

誰しも、愚かなとき、情けないとき、最悪最低のどん底のときが、必ずあるか、来るものである。（佐野）

＊

不幸になったか、あるいはそう感じるとき、それは自分ひとりではなく、多くの人たちもそうなのだ、と思うことである。

幸せは孤独だが、不幸には大勢の仲間がいる。（佐野）

十六　不幸に関係なくもないこと（上）

映画「風と共に去りぬ」の主人公二人は、あまりに現実離れした人間として描かれている。

そのたぐいまれな美貌に加え、火が出るような激しい気性を持つスカーレットと、まさに男の中の男とも言うべきレッド・バトラーの二人が、どんな逆境にも負けずに生き抜いて行くことは、それほどむずかしいことではなかったのではないか。

そういうわけで、この映画が史上一番であり、最高の感動的作品と言われることに、大いに違和感を覚える。

本当に感動的なのは、普通の名もなき、たいした取り得もない一般人が、南北戦争とその後の激動の時代を、何とか生きることができたところにあるのではないだろうか。

すごい才能や強い性格を持った人間が逆境や苦境をモノともしないのは、ある意味、当然のことである。

問題となるのは、そうではない大多数の有象無象たちである。

彼らには、すごい才能もなければ、強い性格の持ち合わせもない。

そんな人たちが激動の時代を生き抜くことが、どれほどたいへんなことか。

終戦直後の日本は、国土の大半が焼け野原となった。そしてそんなゼロどころかマイナスの状況から、みごとに復興を成し遂げたのである。

このことから、昭和の日本人ほど、すごい国民はいないと思う。

ある作家は、明治の人間が一番よく、昭和の人間は最低だと断じてはばからなかった。

明治が一番よいというその根拠は、日露戦争に勝ったことで、昭和が最低なのは、太平洋戦争の敗戦にある。

その作家は、日露戦争に勝ったことをキセキであると声高に叫ばれたが、あれは日本が勝ったのではなく、ロシアが負けたものであって、キセキでも何でもなく、ただ運が良かっただけの結果である。

本当の奇蹟は、戦後復興をはたした昭和の日本人である。（佐野）

＊

徳川慶喜は家康の再来と言われ、大きな期待を寄せられた。

それほど、幼い頃から優秀で、将来を嘱望されたわけだが、その結果は……。

なぜなら、才能よりも性格の悪さの方がまさっていたからである。

慶喜ひとりの首を差し出すことで多くの人が救われたはずであるのに、彼ひとりの命を救うために、どれだけ多くの血が流れたことか。（佐野）

＊

念願かなってプロになった野球選手が、誰しも痛感し、驚嘆することが、先輩たちのレベルの高さであるという。

はたして自分はこのままプロとしてやって行けるのか、というほどに自信を喪失する衝撃を受けるそうである。

それくらい先輩たちのプレーに圧倒されてしまうのである。

先輩ピッチャーの投げる球は速く、変化球のキレは鋭く、とても打てる気がしないという。

また、先輩バッターは、それまでカンタンに空振りをとれていた自慢の速球を、いとも簡単にはじき返されてしまう……など、入団早々、プロの洗礼を浴びることになるわけである。

だがしかし、育成枠でギリギリ入団できた選手たちは違う。

プロのレベルがどんなにすごかろうが、彼らは石にかじりついてでも、プロでやって行くという覚悟がある。

この道以外に我を生かす道なし　この道を往く　（高村光太郎）

彼らには、こんな余裕はない。

この道以外に、我の生きる道はない。死んでも、この道を行く。

そう、彼らは、文字通り、必死なのである。自信喪失しているヒマなど彼らにはない。

昨今、鳴り物入りで入団したドラフト選出の選手よりも、育成出身の選手の活躍が目立っているのは、ある意味、当然かもしれない。

なまじ才能に恵まれていたため、何となくやってきた者との差がつくのは。（佐野）

＊

家康など、人事つまり陰惨な人間管理術にたけていただけで問題にならない。

今日《こんにち》の日本の不幸は、つまり日本民族の民族性の暗黒的な側面は、こんな男を作り出した政治的組織が三百年存続したために生み出されものである。

今日の経済人のすべてが、家康など学んだら会社は安定するかもしれないが、日本人は地球の生んだもっとも嫌《いや》らしい人間集団として、歴史上名を残す存在にしかならないと思う。

（会田雄次）

＊

アリストテレスが、自然現象について頭の中ででっちあげた独自の独断的な見解を、大量の著作を通じて発表したため、それが経験的自然科学の発展にとって、後世最大の妨《さまたげ》になったことは否定できない。（不詳）

＊

生きている人間で万人が認めるような偉人はひとりもいない。

善にかけても悪にかけても、現世で注目されている人間は、彼が及ぼす影響力がなくなって冥土の化石人間になると必ず称賛される。

存命中、悪評の高かった吉田茂が今日、戦後の生んだ最大の宰相だと評価されているのが好例だろう。

中略。金権政治の大御所といわれたり、品性下劣といわれたりしても、やり手と自他ともに認められたような宰相は、物故したら彼に対する善悪の価値評価はご破算となり、偉人の仲間入りすることは間違いないだろう。（梶山健）

※実際、梶山氏の予言通りとなり、その宰相のことが書かれた本がベストセラーとなったことは記憶に新しい。

梶山氏のような人を、具眼の士と呼ぶのだろう。

*

嫌の兼は、飽きる、倦むという意味。

女に飽きる、倦むというところから、嫌いという意味が派生した。（日本語研究会）

*

毒という字に母が含まれているのは、毒がもともと女性が厚化粧して飾り物をごちゃごちゃ身につけている様子を示す文字だった。

それが、目の毒で人を害するというイメージから毒薬の意味になったとも……。

（日本語研究会）

*

結婚の婚は、女へんに昏（暗い、夕暮れ）。

黄昏《たそがれ》、昏倒、昏睡の昏である。

多くの国では結婚は暗くなってから始まり、夕暮れに宴会をしたから。（日本語研究会）

*

女が三つの「姦」は、よこしま。

女が二つの「奻」は、いさかう、という意味。（日本語研究会）

*

もともと祝という漢字は「いつわる」と「のろう」のどちらの意味もあらわしていた。

やがて「のろう」の意味は「呪」の字で表現するようになった。（日本語研究会）

裏切られるのは弱いから裏切られるのでござる。

裏切られたくなければ、常に強くあればよろしい。（松永弾正）

＊

我が思うほどは、人はこまかに見ず。（五代目市川団十郎）

＊

他人の悪を能く見る者は、己が悪、これを見ず。（足利尊氏）

＊

学びてのち、足らざるを知る。（榎本武揚）

＊

あと智恵は、いつも完璧。（ビリーワイルダー）

＊

麓《ふもと》で肥えた豚として生きるよりも、頂（いただき）で死ぬ豹になりたい。（不詳）

誇りある者の崇高な姿勢と、恥知らずの生きざまの対照があざやかである。

だが、大多数の人間は麓をうろつく犬のように生きている。豚であっても決して肥えてはいない。やせた豚である。

私には、頂で餓死した豹よりも、麓でやせた豚や犬となっても生きている方が、人間くさいような気がする。

社会は一握りのエリートと、その他大勢の庶民（どんぐり）によって構成されている。

どんぐりは頂上で餓死する豹になりたくてもなれない。社会のどんぐりとして負担しなければならない小さな義務と責任、支えなければならない家族がいる。格好よい生き方をしたくてもできない。

エリートに比べれば小さな責任であるが、どんぐりには重い。英雄やエリートにとっては、生命よりも名誉や体面が重要であるが、どんぐりはまず生きなければならない。屈辱を常食としても、生きなければならないのである。

中略。鶏口となるも牛後になるなかれ。

だが、どんぐりは牛後ですらなく、鶏後である。会社の屋根の下に、白色レグホンのように飼われているどんぐりの悲哀をだれが知ろう。

だれでも麓にうろつく豚や犬の身になりたくない。

だが、やせた豚になって屈辱を常食としても、麓にうろついている庶民こそ、生きているのである。

中略。誇りのために死ぬ頂の豹と、屈辱を食いながら麓で生きつづけている豚や犬とどちらが偉いか、比較にはかけられない。（森村誠一）

＊

人には持って生まれた才能というものがある。

一般人が苦労を重ねてようやく出来ることを、いとも容易にやってのける才能が。

しかし、そのことがかえって、その才能を持ち腐れさせている。

なぜなら、こんなにおもしろくも何ともないことはないからだ。（佐野）

＊

天才少年と言われる子のほとんどは、ただ早熟なだけである。
それを大人が勝手に持ち上げているにすぎない。（佐野）

＊

自立とは、自律のことである。
そして、大人になるというのは、そのことを意味する。（佐野）

＊

老人は、結局のところ、生まれたことに対する罰に他ならない。（シオラン）

＊

老いることとは、いまだに長生きする唯一の方法である。（サント・ブーブ）

＊

くだらん奴がくだらないと言うなら、くだらなくないということ。（黒澤明）

＊

幸せの四つの条件
一、愛されること
二、ほめられること
三、役に立っていること
四、必要とされること（テレビ番組・アンビリーバボー）

＊

金を稼ぐことだけに執念を燃やすなら、人生はいかにも空しい。（志賀直哉）

＊

人の嘲《あざけ》りをも恥ずべからず。

万事に代えずしては、一の大事成るべからず。（吉田兼好）

＊

折れるより、曲がるがまし。（フランスのことわざ）

＊

頭隠して、尻隠さず、とはマヌケなことを言ったものである。要は、こういうことだろう。自分では完全に隠れて他人からはまったく見えないつもりでいるのだが、結果として、体の一部が隠れていなかった。それも、自分が見ることができないお尻が……。

このことは、主観と客観の違いをみごとに表現しており、ほとんどの人間に当てはまるものである。

それはつまり、何事も完璧にはできないということであって、どこかに必ず欠けているところがある、ということなのである。

これは、死角とか盲点という誰にでもあるものである。

だからこそ、お互いの欠けているところを補うために、チームワークがあるのだ。（佐野）

＊

日本のあらゆる社会構造には弥漫《びまん》化している甘えの心理は、生得的には温暖な風土、後天的には水田共同社会の連帯感に根ざす。（梶山健）

＊

恩恵を受くる人は、自由を売ることとなり。（シルス）

＊

結婚とは、男の権利を半分にして、義務を二倍にすることである。（ショーペンハウエル）

＊

この世は、考える人たちにとっては喜劇であり、感じる人にとっては悲劇である。（シェークスピア）

＊

何度も愛する方法は、それをいつかは失うかもしれないと認識することである。（チェストタトン）

＊

田畑は雑草によって損なわれ、人は貪欲によって損なわれる。（法句経）

＊

黄金時代が現在であったためしはない、かつて存在した時代のほうが、現在よりもすぐれているという幻想こそ、あらゆる時代に普遍的に流れている幻想だ。

時代の評価は老人の昔話と同じだ。つねに最悪と思われている現在は、時代が推移すると最上のものとなるし、現未来が〝現在〟になると必ず最悪の時代となる。（梶山健）

＊

愛情のその先にあるのは惰性であって、必ずしも結婚とはかぎらない。（佐野）

映画・慕情の原題を直訳すると、愛とはとてもすばらしいもの、である。

これが愛であって、結婚でないところがミソである。

この映画は、新聞記者の男が取材で戦場に行き、戦火に巻き込まれて死んだことによって、お互い愛し合い、将来を誓い合っていた女医さんが、かつて愛を確かめ合った思い出の丘の上で、今は亡き恋人をしのぶ、というラストシーンが感動を呼んだ。

だがしかし、もし二人が何事もなくすんなり結ばれていたら、それでめでたしめでたしだったろうか。

新聞記者と女医さんなのである。どちらも、休みがあってないような職業である。そんな二人の結婚生活は、ハッピーであるはずがない。

なぜなら、すれ違いの生活になるのは必然のことであって、二人で過ごす時間などほとんどないからである。

そして、それによるストレスがたまって、お互い気まずくなり、離婚……。

そうなる前に男が死んでしまったので、その悲劇は未然に防がれた、と解釈することはできないだろうか。（佐野）

＊

運命の人が本当に運命の人であるとはかぎらないし、運命の人だから必ず結ばれるともかぎらない。

また、運命の人だから必ず結婚しなければならないわけでも、運命の人と結婚したから絶対に離婚しないという保証もない。

かつて、あるテレビ番組で、子どものときに離れ離れになってしまった運命の人と、キセキ的にめぐり逢うことができて結婚したものの、それからわずか二、三年後に離婚したという実話を紹介していた。（佐野）

＊

ある短編というより、ショートショートのような印象深い作品がある。

作者は忘れたが、とても有名であることはまちがいない。それは、確かこんなストーリーだったと記憶している。――

みすぼらしいかっこうした老婆とその孫が、とある通りを歩いていたとき、突然、声をかけられた。

「何だい。何の用だい。うちらは、金なんぞ、持っちゃいないよ。かえって、こっちの方がめぐんでもらいたいくらいだよ」

声をかけたのは、その通りで占い師をしている男だった。

「その子の顔をよく見せてくれないか？」

「ふん、そんなことを言って、うちらからうまいこと金をふんだくろうたってコンタンだろうが、その手には乗らないよ」

「いいや、金ならいらない。とにかく、その子の顔を見せてくれれば、それだけでいいんだ」

「ふん、だったら、金をよこしな。ただっていうわけにはいかないね」

「わかった、それじゃ、これでいいかね」

男は銀貨を一枚手渡した。

「ちっ、これっぽちかい。まあ、仕方がないねえ」

老婆は、孫を占い師の前に置いた。

しばらく見ていた占い師は、思わずカンタンの声を上げた。

「何ということだ。この子は、玉座で死ぬ、という相が出ているぞ！」

ちらっと見て、なかなかの相だとは思ったが、まさかそこまでとは……と、驚いたのだった。

それを聞いた老婆の顔が一変し、急に二十歳ほど若返ったように見えた。

「そうかい、そうかい。うちの孫がねえ……。この子はそんなにすごい星の下に生まれたのかい」

老婆は、さっきもらった銀貨を占い師に返した。

「これは、お礼だよ。もし占いが当たっていたら、あんたに何かしてやらないといけないね」

「ははは、そうだな。少しのおこぼれでいいよ」

老婆は、この子は王様になる運命の子なのだと思うと、天にまでのぼりつめるほど舞い上がっていた。

数年後、この国で革命が起こった。

民衆の多くが王宮になだれ込んで、王宮を守備している衛兵たちと戦闘になった。

そのとき、民衆にまじっていたひとりの少年が銃で撃たれて、近くにあったイスに座らされて手当てを受けた。が、その甲斐もなく、まもなく息を引き取った。

そのイスは王様が座る玉座で、少年は、あのときの子どもだった。（不詳）

「あれ（からす）は空の哲学者だ。あれは自分の運命に従順であるがゆえに幸福なのだ。気まぐれな目と、おどけた足どりの鳥ほど、楽しそうで、しかも腹いっぱい食べている鳥は、他にいないだろう。

＊

野原は、彼のほしいものを提供してくれる。彼は、自分の羽が高麗うぐいすのように華麗でないのを、決して悲しみはせぬ。

中略。きみは自然が彼にあたえた声を聞いたことがあるだろう。きみは、声の美しいナイチンゲールのほうが、あの鳥よりも、いささかでも幸福だと思うかな？」（新潮文庫）

これは、O・ヘンリー短編集の一編である「運命の道」の一節である。

短編集には他に「賢者の贈り物」「最後の一葉」などの有名な短編があるが、私はなぜか「運命の道」が一番気になっていた。

主人公は、人生の分岐点で、三つの選択肢のすべてを経験する、というストーリーで、初めの道は、決闘することになって、相手から撃たれて死ぬことになり、ふたつめの道は、王様の身代わりにされ、銃撃されて死ぬ、というようにふたつとも悲劇的な最期を遂げることになるのだった。

それらの道は、主人公の夢とも言える詩人として名声を博するために都を目指した結果であった。

そして、最後の三つ目の道は、詩人となる夢をあきらめて、来た道を戻り、今までと同じ生活に立ちかえる、というものだった。

三つ目の道を選んだ結果、主人公は幸せではあったものの、しかし、日々の平凡な生活に飽き足らず、再び詩人になる夢を抱いたのだ。

そのとき、主人公の父と親しかった村人が、知り合いに詩に詳しい人がいるから、彼に自分の詩を見てもらい、詩人としてやってゆけるかどうかを批評してくれるよう頼んでみようと言ってくれた。

もし良い評価であれば、詩人として生きていけるかもしれないし、そうでなければ、詩とはきっぱり縁を切って、また家業に精を出すことだ、と。

その評価の言葉が、遠回しに才能がないことを宣告された冒頭の一節である。

主人公はがっくりして、書きためていた詩をすべて燃やすと、前日に買った由緒ある拳銃で自殺したのだった。

運命の道の三つとも彼は死ぬことになったわけだが、彼を死に至らしめた拳銃はすべて同じものだったというラストであった。

主人公にとって、詩を作ることは、普通の幸せな生活を捨ててまでやりたいことだったのである。

だからこそ、彼は自ら死を選んだのだ。

そのくらいのことで、何も自殺することはないだろう、と第三者は誰もが思うことである。しかし、主人公にとっては、詩の才能を否定されたことは、それくらいの衝撃だったのである。

「運命の道」とは、どういう道を歩もうとも、最後は、死が待っているということであり、田舎で平凡に長く暮らすのも一生なら、一旗あげるべく、都へ行って詩人として大成功するという夢をいつまでも持って、辛く苦しい人生を生きるのもまた一生であるということでもある。

ところで、夢を持って生きている人間は、それが断たれたとき、どうするだろうか。いさぎよく夢をあきらめて、普通の生活を送ることができるのだろうか。

この主人公は、それができなかった。夢に殉じたのである。

夢のある人生はすばらしいが、ひとつ間違えれば、悲惨な結果を招くというあやうさが、常につきまとう。

そうかと言って、夢のない人生は、それは生きているとは言わないで、生活していると言う。そんな生活しているだけの人生に満足することができるかどうか。

それは、幸せとか不幸とかの問題ではなく、まったく別の、生き甲斐の問題なのである。夢を持って生きている人間は、夢を断たれると、生き甲斐を喪失してしまう。

そうなると、このまま生きるべきか、それとも死すべきか、という生死の問題となる。

そして、ここまで追い詰められてしまうと、幸せとか不幸だとか、はっきり言ってどうでもいいことになる。

と言うことは、つまり、我が身の不幸を嘆くことができるのは、まだ不幸ではなく、恵まれているからでもある。

普通の不幸ならば、まだ夜が明けるのを待つという希望が残されている。

だが、夢を断たれたことで、そんなわずかに残された希望すらないがゆえに、「運命の道」

の主人公は自らの命を断ったのである。

ならば、どうすればよかったのか。

それは、夢を趣味として、生活していくことである。

夢は、カエルの腹と同じで、あまりに大きくしようと膨らませても、そのうちパンクしてしまうのがオチなのだから、そこそこで止めておくべきなのである。

人間の力にはかぎりがあるわけで、大きな夢を実現できるほどの力はない。ましてや、それが才能に恵まれない人間においては、なおのことである。

夢を持つことと、それを実現しようとするのは、別のことである。

そして、夢を持つのは幸せなことだが、めったにかなわないがゆえに夢なのであって、それが断たれたとしても、ある意味、当然のことなのである。

また、夢を持つことは、そのために多くの制約を伴うものだが、夢を持たないことは、逆に多くの自由を持つ。(佐野)

＊

映画・ローマの休日は、一日間の出来事だから良かったのだ。

これがもし三日も四日もあったのなら、とてもあれほどの感動作とはならなかっただろう。

なぜなら、あれ以上、もう見て回るところなどないのだから。

これは、かつてローマを旅したのときの感想である。

それからもうひとつ。

映画で、グレゴリー・ペックの新聞記者が、さも偶然に再会したように、ジェラートを食べているオードリー・ヘップバーンの王女に声をかけたスペイン階段に立って、私はこう口にしたものである。

「あのスペイン階段は、どこにあるのだ？」

ついでに、ローマの休日がどうしてパリの休日ではなかったかと言うと、パリはとても一日ではまわりきれないからである。ルーブル美術館だけでも数日はかかるのだから。（佐野）

＊

医者が患者に言う定番の一言。

「休養を十分取って、栄養のある食事を日に三度摂《と》りなさい。それから、規則正しい生活をして、なるべくストレスをかかえ込まないように……」

そんな生活が送れるくらいなら、誰が病院などに行くものか。

そんな暇や余裕があったら、仕事しているわ。（佐野）

＊

負けることも必要だ。必ず勝ちにつながるから。（映画・ハスラー2）

＊

下積みがないと、花は開かない。（不詳）

＊

本当の悪人とは、悪いことをやっても、自分は決して悪くないと、あくまでも言い張る奴のことである。（佐野）

＊

日頃、我々が安易に使っているキセキというのは、そのほとんどが偶然であり、ただの幸運にすぎない。(佐野)

＊

有名人の死後、その莫大な遺産をめぐって、遺族たちによるあまりにも醜い相続争いが、必ず起こっている。

ある意味、こんなうらやましいことはない。(佐野)

＊

九十九パーセントの努力は、たった一パーセントのひらめきには、遠く及ばない。(佐野)

＊

運は、たとえつかまえたとしても、それをうまく活用する決断力と実行力があって初めて運となるものである。(佐野)

＊

見えない地図を広げて。(藤井フミヤ)

※これこそ、人生そのものである、と言って過言ではない。

人生は、ある意味、暗中模索なわけで、自分が今どこにいて、どこへ向かって行っているのかよくわからない。

人生にナビはないのであり、また地図にしても、あってないようなものだから。

であればこそ、人生はすばらしいのだ。(佐野)

十七　不幸に関係なくもないこと（下）

本当の不幸とは、そこから幸せなことがまったく見いだせないことを言う。（佐野）

不幸と言えば、太宰治の作品である。

＊

まるで、絵に描いたような不幸な人間が主人公になっているのだから。（佐野）

＊

インドと太宰治は、よく似ている。

好きな人は目茶苦茶好きであるのに対して、嫌いな人は、その名を耳にしただけで悪寒が走り、ヘドが出るという。

さて、そこまで嫌われているにもかかわらず、太宰の作品は時代を超えて読み継がれて、途絶えることがない。……なぜか。

それは、いつの時代にも、不幸な人間（あるいは、ダメ人間）がいて、彼らの存在が決して絶えることがないからである。

太宰の作品はそんな人たちが生きて行くための拠りどころとなっており、強いて言うならば、バイブルそのものだからである。

そして、太宰のおかげで、日本人の自殺者は、年間少なくとも一万人から二万人は低く抑え込まれているのではないだろうか。

したがって、太宰を嫌いな人も、この功績（？）は認めてもいいのではないか。（佐野）

＊

人の数だけ、不幸がある。

なのに、すべての人間が太宰を好きでない、好きになれないのは、ひとつに、強烈なクセがあるからだ。

「ボクちゃん、とってもさびしい、とっても不幸……」などの言葉を自然と口にしているところである。

言うならば、常に他人から同情してもらいたい、または、そんな心をいやしてほしい、といった甘えが、不幸の根底にあるからである。

そして、その行き着いた先が、幾つもの心中事件であり、本当の（？）心中であった。（佐野）

＊

太宰の名誉のために言えば、彼は、精神的慢性不幸依存症だったのではないか。

その症状の発露が、彼の作品として結実し、遂には死に至ったのだ、と。

ただ言えるのは、一般人にとって、天才の言動は、時として不可解であることが多い、ということだ。

そして、彼のそんなまともではない生き方が、まともでないすごい作品を残したのである。

（佐野）

＊

天気は、すべて雲次第である。

雨雲が出てくれば、雨が降り、ただの雲のときは曇りとなり、雲がないときを晴れと言うのだから。（佐野）

＊

天気が雲次第ならば、人間の幸不幸も不幸次第と言うことができるだろう。

なぜなら、不幸ならば不幸であり、不幸でないなら、幸せなわけなのだから。（佐野）

＊

不幸な者は不幸なりに生きているし、才能のない者も才能がないなりに生きている。

走る才能がまったくないカメは、地道に一歩ずつ歩いて、走る才能のカタマリであるウサギに勝った。（佐野）

＊

鬼に金棒の鬼は、才能ある人間のことであって、金棒とは、鬼が本気を出したり、必死になることである。

世の中、どれほどただの鬼がいるだろうか。（佐野）

＊

これは、ウサギについても言えることである。

と言うのも、才能あるウサギは、必ず昼寝をするからである。

ウサギとカメの寓話には、昼寝をしないウサギがいかに少ないか、という意味が隠されている。

つまり、カメを称賛したものではなく、ウサギを戒めた話なのである。せっかくの才能をムダにするな、才能があるだけで満足するな、カメのようにたゆまぬ努力をしろ、という。

（佐野）

＊

攻撃は最大の防御とは、バカがやたらと他人をバカにする行為のことであって、そうするとで他人からバカと言われないように防御しているものである。突っ張るのもまた同じである。（不詳）

＊

子どものとき、どんなにすぐれていたとしても、大人になってからもそのますますぐれているとはかぎらない。

ＮＨＫ大河ドラマでは、主人公は子どもの頃からすぐれていて、大人になってさらにすぐれたように必ず描かれている。

が、それはごくごくまれである。なぜなら、もしそうだとしたら、世の中はもう少しましになっていなければならないからである。

つまり、将来を嘱望された子どもの多くは、大人になってダメになったとは言えなくとも、普通になったということである。

子どものときにどうであったかは、その後の人生にあまり寄与しない。

要は、大人になってどうなったかであり、どうだったかなのである。

また、どんなにすぐれた業績をあげたとしても、年老いてから老害と後ろ指さされている人もけっこういる。（佐野）

＊

一般的に、詩人といわれる人種は、不幸である。

とりわけ、鋭いまでの感受性と、神経の細やかな繊細さを持つことは、かえって不幸の大きな要因となっている。

そこで思い出されるのが、金子みすずである。

彼女の詩の透明感は、ある種、独特なものがある。

そしてそのことが、何か薄いクリスタル製の食器のように、細心の注意を払わないと、すぐに割れてしまいそうなあやうさを感じさせる。（佐野）

＊

「見えないものでも、あるんだよ」

金子みすずの有名な詩の一節である。

一般人が見ないものや見えないものが、彼女には見えていたということが、これから察しられる。

しかし、このことは、詩人としてはとてもすばらしい資質だが、ひとりの女性が生きていく上では、ほとんど無意味である。

であればこそ、実生活では不幸で、薄幸な生涯だったろうと、容易に想像できる。（佐野）

＊

金子みすずとくれば、サンテグジュペリの「星の王子様」が、すぐに連想される。

「ものごとは、心で見ないと見えないんだよ」

「本当に大切なものは、見えないものなのさ」

かつては、なるほどなと感心したものだが、それは自分がまだ純粋な心を喪失していなかったからだと思う。今では、そのカケラもなくなっているので、やたらと批判する始末である。こんなことではいけないのだが、しかし、大人になるとは、そういうことなのだから、仕方ないことではある。そこで以下は批判である。

心で見るとは、いったいどういうことなのか。普通に見ているのと、どこがどう違うのか。大多数の人は、心で見ることなんてできないと思うのだが、これって、自分は心で見ることができるのだぞ、と自慢しているのか。

また、心のない人間は、だったら、ものごとを見る資格がないのか。

それから、心で見えたものごとと、普通に見えたものごととでは、どんな風に違うのか。もし違うならば、その決定的な違いは、いったい何なのか。

そして、心でものごとが見えるというのは、そんなにすばらしいことなのか。幸せなことなのか。すぐれていることなのか……。

ところで、ものごとには、見た目とは別にその裏に隠されているものが必ずあるわけで、そういうものは、たいてい醜く、きたなく、汚《けが》れている。

心で見ると、そういう裏のところまで見ることができるのか。

だが、その場合、逆に見えないほうがよく、かえって心で見る目の、毒になるのではないか。

したがって、「ものごとは、心で〜」の一節は、ただの思わせ振りのように思える。実際に見えているものが、本当はよく見えないために、いや、その代わりに自分は心の目でものごと見ているのだ、という自己弁護ではないだろうか。

それから、「本当に大切なものは〜」もまた同じである。

ならば、目に見えるものはすべて大切ではないのか、ということになる。

本当に大切なものとは、たとえばどういうものを言うのか具体的にこういうものだと指摘してもらわないと、理解しづらい。

まさか、愛とか友情とか言うのではないと思いたい。

話を戻して、目には見えない大切なものが見えるというのは、確かにすばらしくすごいことに違いないが、では、そのことが生きていく上でどれほど助けになるか。

ひょっとして、心が豊かになる、豊かにしてくれる、なんてことは言うまいな。

誰かが言った、

目に見えないものが見える人間は、その代わり、見えているものが見えない、と。

そもそも、心でしか見ることができないものや、我々にとって大切なものというのは、見るものではなく、体で感じるものではないのか。

たとえ心で見ることができても、感じることができなかったら、見えていることに何の意味もないことになる。

作者のサンテグジュペリは、子どもの心のまま大人になった、という少し異常な印象を受ける。

そして、それを反映した作品が「星の王子様」である。

彼は二十歳くらいまで、母親といっしょに寝ていたというのも、何かわかる気がする。

（佐野）

＊

希望はたえず我々に言う。

進め！　進め！　と。

こうして、我々は墓場へと入って行くのだ。（マンノトン夫人）

＊

仮に、運命が思いのままに人間の活動の半分を裁定しえたとしても、少なくともあとの半分近くは、運命が我々の支配にまかせてくれている、とみるのが本当だ。（マキャベリ）

＊

僅《わず》かな寿命なれど、人間は何かで誤魔化《ごまか》されなくっちゃ、日は送れないんでね。（正宗白鳥）

＊

どうして、自分で自分を責めるのですか？

他人がちゃんと、必要なときに責めてくれれんだから、いいんじゃないんですか。

（アインシュタイン）

＊

何か困った場合、みだりに助けを借りてはならない。助けを借りれば、単に困難が避けられるだけである。忍耐と省察をもってすれば、困難を突き破ることができるだろう。（ファーブル）

＊

残り少なくなった人生を、苦労したり、悩むことは、人生をムダに過ごしていることに他ならない。ただ、親の介護が……。（佐野）

＊

ハングリーって言うけど、あまり腹が減っちゃあ、何もできない。（黒澤明）

＊

前向きなんて言うけど、人間みんな前に歩くんだ。（後ろ向きに歩くのは、ずっと難しい……）。（黒澤明）

＊

バカにつける薬はないこともないが、大バカにつける薬は絶対にない。（不詳）

＊

生きものは、すべて生まれたときから、すでに死にかけている。そして死までの長短は、個人差があり、多くは運次第である。（佐野）

＊

人は、大きな失敗をしないために、失敗するのである。（佐野）

＊

勝者と王様は孤独である。

なぜなら、対等につきあえる仲間がいないのだから。（佐野）

＊

不満のない人間がいないように、不幸ではない人間もいない。（佐野）

＊

勝者は常にひとりで、敗者は他のすべてである。（佐野）

＊

才能がなく、下手の横好きであっても、努力することができるのならば、それはそれで立派な才能だと言える。

いや、これにまさる才能はないと言っていい。

なぜなら、決して枯れることはないのだから。（佐野）

＊

結局のところ、人生とは死に至るまでの準備期間にすぎない。（不詳）

＊

多くの人たちに幸せを与えている人は、不幸である。

なぜなら、自分の秘めたる幸せを分けてやっているのだから。

これでは、いやでも不幸にならざるをえない。

したがって、芸術家と言われる人種の多くは、不幸であり、不遇なのである。

＊

お金では、人生にとって大切なもの、かけがえのないものは買うことができないかもしれないが、それでも生きていく上で必要不可欠なものはすべて買うことができるのも、また事実である。

人生はお金がすべてではないとほざく人間は、お金で困ったことや苦労したことのない、とても恵まれた人である。（佐野）

＊

勝負は、たいてい油断した方が負けている。

それゆえ、兵法書は、いかに相手を油断させるかを説いているだけである。（佐野）

＊

偉人たちの名言は、あまりにレベルが高過ぎて、一般人には不向きである。（佐野）

＊

他人の目を気にしすぎるあまり、ついかっこうをつけたくなる。（佐野）

＊

失敗した者は二度と同じあやまちをしない（と考える）が、成功した者は、また同じようなやり方をする（傾向がある）。（佐野）

＊

英雄と悲劇は、二つでひとつのものである。

つまり、悲劇でなかった英雄は、真の英雄とはならない。

そして、そのことによって、一般人とのバランスがとれているわけである。（佐野）

これ以上生きていても、いいことなんかひとつもない……。

（八十四歳になる原田のおばさん）

＊

きわめて大きな成功のひとつがノーベル賞である。

地味な研究を、地道に何十年もやってきて、そして幸運があって与えられるものである。

その研究に生涯をささげた結果で、多くは七十歳を過ぎないと受賞できない。

つまり、自分の人生すべてと引き換えにしたものなのだ。（佐野）

＊

栄光は一瞬のきらめきであって、虹ほど長くは続かない。（佐野）

＊

芯が腐ったりんごは、見た目では分からない。

また、見た目が微妙なりんごは、おおむね芯は腐っていない。

要は、腐っていないところを食べればいいだけのことである。（佐野）

＊

重力のないところでは、力はまったくいらない。

その代わり、筋肉が弱って体がダメになる。

それはちょうど、苦しんだり、悩んだり、不幸や失敗を経験しないことが、人間をダメにするのと同じである。（佐野）

大寒波の季節がようやく過ぎ去って春となったが、今度は春の嵐が待ちかまえている。そしてその次は、いよいよ台風と大雨洪水の季節がやって来る。……。（佐野）

＊

我が道を往くことができるのは、すぐれた人間なのではなく、我がままで自分勝手な人間である。

そうでなかったら、とても往けるものではないだろう。（佐野）

＊

生き残ることができる必須条件は、すぐれていることではない。

恐竜は絶滅したが、彼らから見ればちっぽけな虫けら同然のホ乳類が生き残ったわけだから。（佐野）

＊

地球にやさしい絶滅しなくていい生物が絶滅し、地球にとって悪性のガンともいうべき人類が、地球上で我が物顔でのさばっている。

雨にも負けず、風にも負けず、そして新型コロナにも負けずに、のうのうと……。（佐野）

＊

虎の子と言うと、何かすごく大切なもののたとえになっているが、実際の虎の子は、猫と見まちがえる程度の存在でしかない。

それに、大人の虎はとても恐ろしいが、虎の子は恐くない。

したがって、虎穴に入るというキケンをおかしてまでして、手に入れなければならないほどのものではないのである。（佐野）

＊

人間にとって大切なものをギセイにした人がたいてい成功している。

その大切なものとは、人間性であり、良心であり、そして身内である。

何も失わずに成功した者もいるだろうが、それは真の成功者とは言わない。（佐野）

＊

魔法には対価が必要《つきもの》。（ルンペルシュツルツキ）
※たとえば、人魚姫が、足のために、声をギセイにしたように。
魔法とは、本来そういうものでなければならない。無から何かが生まれるなんてことは、絶対にありえないのだから。

いや、だから魔法なのだ、と言ってしまえば、それまでだが。（佐野）

＊

賢いのと頭がいいというのは違うものである。

賢いとは、生き方がそうであると言うのに対し、頭がいいとは、機転がきくとか、頭の回転が早いとか、ただペーパーテストの点がいいという、ある意味、小手先のことを言う。

そこから、賢者の富めるはまれなり、という格言ができたのだろう。

つまり、賢者とは、そこそこのところで満足している人のことを言うわけで、べつだん不足するものがなければ、それ以上のことは望まない人のことなのである。

さらにもっと富まそうとするのは、貧者の発想である。なぜなら、遅かれ早かれ必ず死ぬというのに、あくせく働いて、たいそうな財産をつくって、いったいどないすんねん、てなものである。（佐野）

＊

将棋でもっとも弱い駒は、歩である。そして強い駒は、言わずと知れた飛車と角である。ところが、である。角は歩を突きつけられたら、逃げなければならないのである。また、時には、飛車も歩から後退させられることがある。ということは、もっとも弱いとされる歩は、用い方次第で、飛車や角以上に強い駒になるわけである。

すなわち、捨て駒とバカにされている歩は、決して弱くないのである。何たって、と金という強力な駒にも変身できるのだから。（佐野）

＊

世の中、当たりはずれは必ずある。

ただ、はずれが圧倒的に多いことが問題なのである。（佐野）

＊

よく言われることに、生きてさえいれば必ず良いことがある（だから生きろ）と。

確かにそうだが、しかし、良いことよりも悪いことの方がはるかに多いのも事実である。

昨今の自然災害による甚大な被害のニュースを見るたびに、次は自分が住んでいる地域が襲われるのではないか、と常に不安がつきまとっている。

その結果、生きてさえいれば〜の言葉は、ただの気休めに成り下がってしまった。

そう、明日と言うよりも、今度は我が身なのだ、と。（佐野）

＊

あまりにもきれいな字を見せつけられると、下手な字を書く人間は、とても不快でみじめな気持ちとなる。

たかが字ごときで……。

が、これこそがコンプレックスというものの本質である。

「そんなことをいちいち気にするな。もっと気持ちを広く大きく持て」

コンプレックスを持たない人間や、コンプレックスがどんなものか知らない人間は、こんなことを気安く、気軽に口にする。

お気楽な人間であるゆえんである。（佐野）

＊

どこの学校を卒業しているとか、どこの会社に勤めているかではなく、本当に大事なことは、どんな人間であるかだろうに……。（佐野）

＊

「どうして先のことを考えなかったのか。考えていれば、こんな結果を招くことは容易に想像できたはずだろう」

「――仕方がないだろう。あの時はこれでいいと思ったのだ。それに、そんな先のことがそうカンタンにわかってたまるか」（佐野）

他者は認めてもらう相手ではなく、納得させるべきものである。（三木卓）

＊

死ぬのは誰だってこわい。
しかし、逃げるな！（不詳）

＊

「そんなことしたら、たいへんなことになるぞ！」

「――それでも、いいさ」（不詳）

＊

自分より賢い者を集める方法を知る男、ここに眠る。（カーネギー）

＊

名声は価値の確かな証拠ではなく、その可能性にすぎない。
名声は人間の偶発的な出来事であって、財産ではない。（カーライル）

＊

力が容易に名声をかちうるのであって、名声が力をかちうるのではない。（マキャベリ）

＊

名利につかれて静かなるいとまなく、一生を苦しむこと愚かなれ。（吉田兼好）

＊

どんな英雄も、最後は鼻につく人間となる。（エマーソン）

国家は、あらゆる名誉ある職業からはじかれたクズどもによって、統治されている。（デュアメル）

＊

我々は、インテリをいつもバカだと思ってまちがいない。そうでないことが証明されるまでは。（ジョルジュ・ベルナノス）

＊

頭のいい男とバカな男に共通している点は、自分と同じように考えない人間は、バカだと思うことだ。（モーリス・シャプラン）

＊

「ピンチはチャンスなり」とか「ピンチをチャンスに」などと、まるでそうなることが自然なことで、当然であるかのようによく言われるようになった。

だが、そうではあるまい。

ピンチはあくまでもピンチであって、チャンスに容易に変わるようなピンチは、本当のピンチではない。

結果として、たまたまそうなったことが、いつしか、当然そうなるもの、に変わってしまっているのは、おかしなことであると言わなければならない。

なぜなら、ピンチがチャンスに変わることは、幸運が必須条件であるからだ。

ピンチがチャンスチになったのではなく、ただ運が良かっただけなのである。（佐野）

＊

努力をすればするだけ成果が上がることはめったにない。

なぜなら、努力は、ムダが多く、また空回りするからである。

そして、結局は、とにかく努力はした、という自己満足で終わるというのが、努力の本質なのである。（佐野）

＊

希望の星というのに、希望の月とは言わない。

少しずつ欠けていき、ついには見えなくなってしまうからだろう。

しかし、希望というのは、本来、月みたいなものだったはずである。

なぜなら、すぐまた復活するのだから。（佐野）

＊

希望の星が見えるのは、不幸という暗闇であればこそのことである。（佐野）

＊

太陽を直視することはできないが、星は夜が明けるまでずっと見ていられる。（佐野）

＊

失敗しない人間がいないように、バカでない人間もいない。

いるとすれば、自分の失敗を絶対に認めず、すべてを他人のせいにするか、ただバカな言動をしないだけの人間である。（佐野）

＊

自信のない人間が、やたらと見栄を張るし、突っ張るし、意地を張る。（佐野）

＊

若い頃の恋愛は、恋人ごっこ。（佐野）

＊

知らぬが仏、と言う。

それはつまり、事実や真実を知ることは、おうおうにして不幸をもたらすものだからである。

真実を解明したところで、所詮、自己満足でしかなく、その結果、事態がどうなろうと知ったこっちゃないという無責任さがつきまとう。

「辛い真実」「不都合な真実」というタイトルの本があるくらいで、言うならば、真実というのは決しいいものではなく、両刃の剣なのであって、取り扱うには細心の注意を要するものなのである。

にもかかわらず、杉下右京や江戸川コナンときたら……。（佐野）

＊

人間、勝手に持ち上げられると、ついその気になって、カン違いしてしまう。（佐野）

＊

我々が書くことの半分は有害で、残り半分は無益である。（アンリ・ペック）

＊

盛者必滅という。

なぜ滅ぶかと言えば、盛んだったからである。盛んでなかったら、滅ぶことはないのである。太く短い人生がこれに当たる。（佐野）

＊

栄枯盛衰とは、栄えるのと枯れるのは、また盛んになるのと衰えるのは、ふたつでひとつなのであって、別なものではない。生まれたら必ず死ぬように。（佐野）

＊

泣くという行為には、ウソ泣きや泣きまねがある。なぜか。それは、他人の同情をひくためであると同時に、人をだますためである。だからこそ、涙は女の武器と言われるゆえんである。したがって、人前で泣くという行為は、たいてい演技である。（佐野）

＊

「国破れて　山河あり」という有名な漢詩がある。しかし、国破れずとも、山河は荒れ果てることもあるし、戦場となった山河は、残らないかもしれない。

幕末、北越戦争を主導し、指揮した河井継之助は、国を破った上、山河をも荒廃させたのである。（佐野）

＊

「義を見てせざるは勇なきなり」

論語の有名な言葉である。

確かにその通りであるが、しかし、勇気を必要とするのは、それがキケンな場合だからに他ならず、したがって、勇気あふれる人間は決して長生きはできない。

なぜなら、義はいたるところにあるわけで、そうなると命がいくつあっても足りないからである。

勇気というものは、いざというときのためにとっておくものであって、そうやたらと発揮するものではない。(佐野)

＊

子どもときの成功や成功体験は、大人になってからはまったく何の役にも立たない。(佐野)

＊

(言葉の) キャッチボールではなくて、ドッジボールだった。(不詳)

＊

我が人生に悔いなし、とあえて言う人がいる。

しかし、本当にそうであるならば、わざわざ口に出して人に聞かせる必要など、まったくない。

なぜなら、自己満足していることで十分だからである。

にもかかわらず、そう言いたくなる、言わずにはいられないというのは、自己満足できていないからに他ならない。(佐野)

＊

「帯に短したすきに長し」とは、中途半端であるという意味だが、本当はそうではない。あるスポーツにとてもすぐれてはいるものの、プロのレベルではないし、さりとてアマチュアでやるにはプライドが許さないため、せっかくの才能が生かせないことを言う。将棋や囲碁で、念願かなってプロになれたものの、成績がまったく伸びずに、辞めていく人がいるという。

要は帯に短しではなく、帯になれなかったら、意味がないということである。

そして、夢は、それがかなった後の方がさらに大変なのである。

夢がかなって、めでたしめでたしのドラマや映画と現実との根本的な違いは、その後の有無である。

なぜなら、生きている間は、試練の連続だからである。

いい学校、いい会社に入れたとしても、落ちこぼれたり、窓際族になったら、めでたしだったものが、めでたくもなしになってしまう。

結婚についても、理想とも思える相手と結婚したにもかかわらず、数年もしないうちに離婚する夫婦もいる。

夢がかなったことが、本当にかなったことになるとはかぎらないし、幸せをつかんだことで、幸せになれるという保証もない。

人生、帯になれないのならば、たすきとなってがんばるしかないではないか。

たとえ運よく帯になれたとしても、まったく使われない帯もあるわけで、それよりは、使われるたすきの方が断然いいのではないか。

「カゴに乗る人、かつぐ人、そのまたわらじを作る人、誰が偉いわけじゃなし」という句もある。（佐野）

＊

自伝を書いた者に、ロクなのはいない。

と言うのも、それには、秘密にしたいことや他人に知られたくないみじめであわれな恥ずかしいこと、などがいっさい書かれていないからである。

そんなものが自伝とは、ちゃんちゃらおかしいと言わなければならない。

例外は、戦前に長く大蔵大臣をつとめた高橋是清である。

彼は、留学先のアメリカで、奴隷として売り飛ばされそうになったことを包み隠さず書いている。

その逆が、勝海舟の『氷川清話』である。

ジマン話とホラ話で埋め尽くされている。（佐野）

＊

必要条件と十分条件は、机上の空論のことである。

必要条件とは、最低条件のことにすぎず、十分条件にいたっては理論倒れの最たるものである。

たとえば、宝くじは買わなければ、絶対に当たらないわけで、つまり買うことが必要条件であり、絶対条件なのである。

そして当たるための十分条件とは、すべての宝くじを買い占めることを意味する。こうすれば、必ず当たるのだから。……あくまでも理論としてである。（佐野）

＊

優越感は、プライドと同様に、とても厄介な代物《しろもの》である。ないとみじめだし、あってもたいていロクなことにはならないのだから。（佐野）

＊

人が優越感というお風呂にひたりたいのは、劣等感という寒さに耐えられなくなるからである。

そのためにはどうするかと言うと、自分よりも劣っている人間をバカにすることである。ことほどさように、優越感とは、劣等感の一種なのである。（佐野）

＊

自分の選んだ道が正解だったのかと考えるよりも、自分の選んだ道を正解にするにはどうすればいいかを考えてきました。（テレビ番組・アンビリバボー）

十八　その他、あるいは蛇足

夢を実現した者に必ず待ち受けているもの、それは現実という高いカベである。

それも一つや二つではなく、幾つもある。

夢を実現したことで安心したり浮かれていると、その夢は、一転して悪夢へと劇的に変わってしまう。

夢は実現して終わりではない。スタートラインに立てた、ということなのである。（佐野）

＊

「やれば、できる」。あるお笑い芸人の決まり文句である。

だが、現実はそうはいかない。

と言うのも、やれば、という前提条件がついているのがミソだからである。

それはつまり、やろうしなければ、何もできないわけで、多くの人は、何であれなかなかやろうとはしないためである。

とてもむずかしいことや幾つもの困難があると、そして無茶苦茶めんどうなことなどは、まずやらないし、やろうともしない。

また、その逆のカンタンなことは、やろうと思えばいつでもやれる、そのうちにやる、などと言ってこれまたなかなかやろうとはしない。

もともと人間は、やればできることは、なぜかやりたがらないものなのである。（佐野）

＊

常勝、無敵、不沈艦などという表現は、言葉限定であって、現実にはありえない。

そして、そんな勇ましいだけの空虚な言葉が世間にあふれていて、ひとり歩きしている。

（佐野）

＊

恨みを買うような行為は、百害あって一利なし、なのであるから、できるだけやらないことである。

ところが、あるテレビドラマでは、相手に土下座を強要することで、相手をこれでもかとばかりに辱める行為を、やられたらやり返す、倍返しだ、との決めゼリフによって視聴者に大好評を博し、記録的な視聴率をたたき出したのであった。

普通に考えても、これほど愚かな行為は、ないと言わなければならない。

そもそも、憎い相手に対して、これ以上の屈辱はないというほどの屈辱を与えることは、たいへん快感かもしれない。

だが、相手もまた、やられたらやり返してくることは容易に想像できるわけで、それが繰り返されると収拾がつかなくなる。

土下座の強要がこうなっては、こんな割の合わないことはない。

また、これとは別に、強要された相手が、まるで顔面神経痛みたいに顔をひきつらせて、ものすごい屈辱感を表情にしながら土下座するシーンもいただけない。

なぜなら、この屈辱を絶対に晴らしてやるぞの感情がハンパないからである。

子どもならいざ知らず、地位のある人間のすることではない。

作り事にしては、オーバーであって、現実感がまったくない。

ここは、歯を食いしばる姿を見せることなく、従容《しょうよう》として土下座するのが本当ではないか。

そうすることで、かえって男が上がることもある。

普通一般に、人をよくバカにする人間がバカだ、と言う。

この場合は、土下座を強要する人間が愚かだと言わなければならない。

強要した方は、相手のブザマな姿を見て、ユカイ、ソウカイだろうが、それも一瞬のことではないか。

そのあとに、空しさを感じることはないのだろうか。あるいは、イヤなことをしてしまったという自己嫌悪に陥らないのだろうか。

相手に対して、自分に殺意さえ抱かせるような行為を強要することに、いったい何の意味や利益があると言うのだろうか。

土下座までさせて謝らせることは、ある意味、人権侵害にはあたらないのだろうか。

他人からされてイヤなことは、普通、他人にはしないものである。（佐野）

＊

他のあるテレビドラマでは、やり手の女性部長に対して、きついノルマを課せられた部下たちがその腹いせに部長に対していたずらして困らせ、土下座させて、謝らせようとした。

ところが、彼女は、ヒールを脱ぎながら、こう言ったのである。

「いいわよ、土下座くらい。それであなたたちの気がすむんだったら、何度でもしてあげるわ。……そんなの、何てことないわ」

倍返しのドラマで土下座を強要された相手も、こう言えばよかったのだ。（佐野）

＊

反省は、同じ失敗を繰り返さないためにする。

後悔は、ただ運が悪かっただけだ、と自分を慰めるためにする。（佐野）

＊

自分の真実（本当は高校生）があばかれるのは絶対にイヤであるのに、他人（容疑者）の真実に対しては情け容赦なく、次々に白日のもとにさらしていく江戸川コナンは、そんなムジュンを自覚しているのだろうか。

それとも、正義や真実のためだったら、何をやってもいいと考えているのか。

人の心の中に土足で入り込んで、最後はダメ押しとも言うべきトドメを刺す……。

これって、アリバイを少しずつ崩すことで、容疑者をいたぶっているとしか思えない。

彼は、相手を徹底的に追いつめて真相を自白させることに快感を覚えている、典型的なドエスだと言うことができる。

＊

厚手のコートやジャンバーを着ていないとまだ寒いが、しばらくすると汗が出そうになる。

だからといって、脱いだらやっぱり寒い。

そんな冬の残党がいることを、春と呼ぶ。（佐野）

＊

春が来た、と浮かれてもいいが、冬の残党がいなくなるまでは油断できない。つまり、春とは、冬が過ぎ去ったあとのことを言うのではなく、冬ほどには寒くない季節のことなのである。（佐野）

＊

テレビのバラエティー俳句番組の影響で、最近、俳句がブームとなっている。と言うよりは、先生とタレント達の掛け合いがおもしろいからである。

ところで、俳句のもっとも重要な季語のことであるが、これがまた、読み方はもちろんのこと、意味もよくわからないのが、やたらと出てくる。

しかも、それらの多くは、生まれて初めて目にし耳にするものばかりである（だから、読み方も意味もわからないのだ）。

先生はと言うと、タレント達に、視聴者のよくわかるような句を作りなさいと言いながら、そんなむずかしいわけのわからない季語を選んだことに対しては、よく勉強していると言われるのである。

あえて言わせてもらえば、補足説明が必要な季語に、季語の資格があるのか、と。

そんな世間ではほとんど通用していない季語は、俳句界限定の隠語か仲間うちだけの言葉ではないのか。

いや、そうではなく、使っているタレント達も、歳時記などから何となくよさげな季語を拝借しているだけのようである。

ただ単に季節を表すだけの言葉をそれほど重要視しながら、句の優劣をつけることに、いったいどんな意義があると言うのだろうか。（佐野）

＊

このテレビ番組に関して、以前、タレント達と正岡子規生誕の地である松山の高校生たちとの俳句合戦があって、そのとき、俳句の先生方が十人くらい審査に当たられていた。

おもしろいことに、どっちの句がすぐれているのかの判定で、先生たちの評価が何度も割れたのである。

なかには、テレビの先生が良いとした句を、他の多くの先生方が選ばなかったことがあった。

それ以来、タレント達と高校生たちの俳句合戦は行なわれていない。（佐野）

＊

お金は、空気みたいなものである。

ないと生きていけない。

だからと言って、必要以上にぎょうさんある必要はない。（佐野）

十九　池内紀《おさむ》氏の作品から

何を考えているのか、犬が大きなため息をついた。

犬だって溜め息をつくのである。（遊園地の木馬）
※ウチの飼い犬だったダイスケは、ため息はつかなかったが、何か深刻に考え事をしていることがときどきあった。
そんなとき、こう言ったものである。

「いくらおまえが日本の将来のことを心配したりしても、どうにもならないんだぞ」

（小著・ダイスケ犬の唄）

ちなみに、池内さんのとこの犬の名は、チャンピオンを縮めてチャンプという愛称で呼ばれていた。

＊

人生において、おどりあがりたいようなよろこびは一瞬のこと。

考えてみると、ただその一瞬のために長い助走をしているようなものだ。（遊園地の木馬）

＊

便利を文明と早合点してはいけない。

悪魔の使者は、きまって美しい衣装を着てやってくる。（遊園地の木馬）

＊

夢見るのにお金はいらない。（遊園地の木馬）

＊

これまでの幸せと平穏が、つまるところ「健康」という幻想で成り立っていたことに気がついた。（遊園地の木馬）

＊

人の「こころ」のふしぎさ、奇妙さ。
当人にも予測のつかない部分がある。
それは自分のものであって、同時に自分のものではない。
意のままになるのは、ある程度までであって、それから先はわからない。
いや、まったくわからない、というものでもない。
ひそかな、漠然とした予感があった。
とりとめなく、漠然としており、それだけなおのことイラだたしい感情のわだかまり。
（遊園地の木馬）

＊

ニガ手のあるのは、いいことだ。
いや応なく選択の幅がせばまる。
わずかにのこった自分の得意ワザに集中できる。

これ一つにすがるのだもの、進歩の点でも悪くない。（遊園地の木馬）

＊

たわいない人生の瑣事《さじ》であって、無視できなくもないが、しかし、人生の瑣事こそ第一の人生の本質であって、無視しだすと、自分の存在さえ無視することになりかねない。

（祭りの季節）

＊

一定の目的がなければ、行為は成り立たないわけでもなかろう。行為があって、それから目的が生まれることもある。（祭りの季節）

＊

人生の大事は、いつも偶然にはじまるものだから。（異国の楽しむ）

＊

名作や名画は、本来、自分で見つけるものなのだ。世の評価は二の次でいい。自分にとってステキなものが名画・名作である。中略。「おや？」と思ったり、ハッとするのは、感覚が揺り動かされた証拠である。

（異国を楽しむ）

＊

ずっと自由というのも辛いものだ。何でもできるということは、何をしても同じこと。何もしないのと大差ない。

好きなことだからといって、三日もつづくと鼻についてきて、ウンザリする。人間はどうやら、そういう生き物らしいのだ。（異国を楽しむ）

＊

小心者は猜疑心が強いから。（マドンナの引っ越し）

＊

金銭は運や才覚だけで手に入る。モラルや資質とかかわらない。（なじみの店）

＊

議論はいつも正しく、しょせんは論じるだけで、なんの力も持たない。（なじみの店）

＊

目的をとげさえすれば、圧倒的な力に対して膝を屈しても不名誉ではない。そもそも膝は、ときに折りまげるためにある。（カント先生の散歩）

＊

他人の悪口を言うとき、おのずと語り手の人となりとスケールが出てしまうものである。（亡き人へのレクイエム）

＊

ノンビリするには勇気がいる。我慢がいる。とりわけ知恵がいる。というのは世の中の構造が、せかしく、動かして、引きまわすようにできているからだ。

（亡き人へのレクイエム）

＊

恋のおそろしさは、それがおそろしく偶然であり、公平だということである。

愛の恩恵に浴するチャンスは、愚か者にも天才にも平等である。

偶然、投げこまれた枯れ枝に「結晶」が生じたまでであって、選ばれた者に、選ばれたことを得意がる理由はどこにもない。

二人はいずれも偶然と「ステキなこと」にあこがれていた。あるいは現状が不満であって、べつの人生を夢想していた。われ知らず本能が目ざめて感情が熟していた。

そんな心の状態のある瞬間に、相手がたまたま「そこにいた」だけである。

ふと駅前で道をたずねた。落とした定期券をひろってもらった。営業に出向いた会社の受付にいた。それも本来の受付嬢が風邪で休んだため、ピンチヒッターですわっていた。

愛は偶然である。しかし、一つの運命にちがいない。

というのは、運命はいつも偶然にはじまるものだから。（うその学校）

＊

波一つたたない海が退屈であり、浅瀬に流れる水はにごりがちで、すぐにコケがはえるように、夫婦ゲンカ一つない夫婦は退屈で、その日常にはコケがはえ、水は枯れる。

高まりと落下と、立ちさわぐ波と風と、天をかむ波がしらと——つまり、喧嘩と抱擁とのあいだの緊張こそ、一つ屋根の下の人生を耐えさせ、夫婦生活をつづけさせてくれる当のものにちがいない。

それは、そもそも夫婦が成り立つための前提であって、永遠の安らぎは棺の中に入ってからでも遅くないようである。（うその学校）

＊

集まるところが片よっていて、あるところにはくさるほどあるのに、ないとなると、からっきしない。

それはむしろ金銭がしょせんはむなしい数字のからくりにすぎないことを告げているのではあるまいか。

というのは、これは持てば持つほど所有感が希薄になっていくらしい。

その際の飢餓状態をみたすためには、たえまなく増大させていくしかない。（うその学校）

＊

カンボジアの女子水泳選手は、世界選手権の五十メートル自由形でビリに終わった。

スタート台に立ったとき、みんな自分より優れていることがわかったと言う。

でも、全力で戦ってみようと思った。

「私にも二本の腕と二本の脚があるんだもの」（無口な友人）

※ちなみに「無口な友人」とは、池内さんとこの犬、チャンプのこと。

＊

よけいなことだが、今日の船出が漂流にならないことを。（旅に出たい）

※神宮での結婚式を見てのこと。

＊

真実のなかに、大きな虚《うつろ》があって……。(旅に出たい)

＊

花が咲くのは散るためであり、人と会うのは別れるため。(きょうもまた好奇心散歩)

＊

ときおり一切の情報を遮断してみるのはいいことだ。

政治、経済、スポーツ、社会、風俗、銀行の不良債権、構造改革、選挙、芸能ニュース……。

何ひとつ伝わってこない。知らなくてもいい。知らなくてすむ。知らなくても困らない。

生活していれば知らなくてはならない——と思い込んでいるだけのこと。(無口な友人)

おわりに

池内さんは、ドイツ文学者にして、カフカ文学研究の第一人者であり、また旅行家、登山家、そして稀代のエッセイストである。

その著書は、翻訳本を含めると、ゆうに二百五十冊を数える。

何が悔しいと言って、池内さんを知ったのが、まさかの最晩年だったことである。

と言うのも、池内さんとのお近づきのしるしとして、私の著書を献本しようとした矢先、池内さんの訃報を新聞で知ったからである。

＊

池内さんのとの出会いは、ある本の参考文献に、池内さんの著書が紹介されていたことからである。

その夕イトルは『二列目の人生　隠れた異才たち』だった。

私は本を買うとき、まず図書館で試食して、うまいとわかってから、購入することにしている。

私はタイトルにひかれて、すぐ図書館で借りた。直ちに買い求めた。

＊

さまざまなジャンルにわたっている池内さんのエッセイには、ひとつの共通点があって、言わば、ポリシーとなっている。

それは、有名でない人であったり、場所だったたり、その他そういうものに対する暖かい視線である。

人物に関しては、きっかけとなった『二列目の人生　隠れた異才たち』があり、山では、有名な百名山には見向きもされず、『ひとつとなりの山』という本では、あまり知られていないがゆえに登る人がほとんどいない山ばかりを愛情を込めて紹介されている。

また、海外旅行においても、定番の観光地は無視されて、東ヨーロッパ諸国ばかりへ行かれている。

それも『消えた国　追われた人々』という本にいたっては、消えた国やその国民に目を向けられている。

ここまでくると、ただの変わり者ではなく、スジガネ入りの変人と言うことができる。

ただ例外が、ウィーンのあるオーストリアである。

と言うのも、長くヨーロッパ東部を支配していたハプスブルク家に興味があって、そのことを書かれた本が何冊もあるからである。よほど好きだったのだろう。

それから、国内旅行でも、有名な名だたる温泉地ではなく、その近くのひなびた温泉旅館ばかり宿泊されていて、その旅行記もかなりの数にのぼる。

＊

池内さんと私の共通点は、無名なものやそんな人たちに光を当てること、だと勝手に思っている。

私は歴史ものも書いていて、その主人公たちは、まさに知る人ぞ知る存在で、世間ではほとんど認知されていない戦国武将や時代ばかりなのである。

だから、そういうところに、共鳴したのだろう。

私の最初の作品が、立花宗茂の叔父に当たる筑紫広門《ちくしひろかど》のことを書いた『筑後川物語』。

それから最近では、九州三強の一人、竜造寺隆信の好敵手だった神代勝利《くましろかつとし》のことを書いた『山内《さんない》の鷲　神代勝利』。

他には、今川義元の子で、愚将の代名詞となっている今川氏真や、武田信玄に二度も勝ちながら、ほとんど話題にもならない村上義清のことを書いた『戦国歴史小説』。

また、『福岡戦国武将物語』として、九州随一の猛将と言われた立花道雪と互角の戦いを繰り広げた秋月種実《たねざね》、あの毛利元就から一目置かれた高橋鑑種《あきたね》、鍋島直茂と親しかった田尻鑑種などを書いている。

さらにマイナーなところでは、宮崎県延岡市の松尾城主であった土持氏のことを書いた『土持《つちもち》戦記』もある。

その他では、古代ギリシャ諸国の興亡の歴史の『ギリシャ三国志』、中国の南北朝時代の男たちの壮絶な戦いを描いた『三百年後の三国志　第一部好敵手』がある。

そして、批判本として『司馬氏、しばし待たれい！』『怪我せぬほどの生兵法　家康神君伝説と天才軍師孔明の伝説および本能寺の変』というのも。

最後に、元就出版社刊行で『終戦をプロデュースした男　梅津美次郎《よし》大将』もある。

このように、池内さんとの共通点があったわけなのだが、驚いたことに接点もあったのである。

＊

それが、エッセイストクラブ賞を受賞した早川良一郎著『けむりのゆくえ』である。

池内さんは、その本が絶版となったのを惜しんで、復刊に力を尽くされたのだった。

『けむりのゆくえ』は、私が大学生のときに何げに立ち寄った普通の本屋さんで見つけて買って以来、愛読書となっている本だったのだ。

それも、私が買ったのは、装丁がとてもいいとは言えないお粗末な最初に出版された本であった。

以来、早川良一郎氏の本はだいたい買い揃えた。

まさか、早川良一郎氏というほぼ無名のエッセイストと、かぼそい糸でつながっているとは、と不思議なエンを感じたものだった。

＊

有名だからエライわけではない。

本当は、有名でないことが、有名にならないことの方が、偉いのである。

あるノーベル賞作家がこんなことを言っていた。

有名になることは醜《みにく》く、高名は決して人間を高めはしない、と。

＊

池内さんとは、もちろん相違点もある。

それは、池内さんの本丸とも言うべき、カフカが好きではないことである。

ドイツの作家で、私がもっとも好きなのは、ハンス・カロッサである。

ところが、日本のドイツ文学者のほとんどは、彼に対する評価がとても低い。

私小説風なのがお気に召さないのかもしれないが、とても残念なことである。

以前、京都へ、ドイツ文学者で、司馬遼太郎著『街道をゆく』の解説を書かれている牧祥三氏を訪ねたときも、氏はカロッサを問題にされていなかった。

＊

池内さんの多くのエッセイのなかで、一番印象深かったのが、飼い犬のチャンプのことを書かれた『無口な友人』である。

約四ページの小品ながら、それを本のタイトルにされるほど、思い入れのある作品だった、ということがわかる。

私にも、同じ友人がいた。

彼は無口な友人ではなく、物言わぬ友であった。

彼のことを『ダイスケ犬《いぬ》の唄』という本にした。

だから、池内さんの気持ちはよくわかった。

それはつまり、チャンプとダイスケは愛犬ではなく、それぞれが心を通わせる相棒だった、ということである。

＊

「二〇〇〇年五月、死去。十四年と三カ月、彼が地上に生を受けた歳月である。庭の隅に大きな穴を掘って葬った。いっしょのしるしに、冷たい鼻先にわが使い古しの万年筆をくっつけた。チャンプを失って、私はこの人生、もうそろそろいいかなと考えるときがある」

これは『無口な友人』の、チャンプの最期を書かれた一節である。

まるで、生き甲斐の半分を喪失されたかのような心情がつづられている。

そして、万年筆のところでは、いつもグッとくるものがある。

ところで、池内さんは、チャンプの死後、二十年生きられた。

ウチのダイスケも、死んでから早十五年が経とうとしている。

池内さんのように、私も、そろそろいいかなと思い始めている。

＊

私もそうであったように、池内さんもチャンプの死後、犬は飼わなかったと想像する。

なぜなら、「ダイスケ」以上の犬はいない、と思ったからである。

＊

連れ合いを亡くされて、一年もしないうちに再婚する人がいる。

亡き人との楽しくもなつかしい思い出など、まったくなかったかのように。

これでは、亡き人の立場がないではないか。

あとがき

『不幸論！』は、コロナ禍で書きおこしたものではなく、平成三十年五月二十三日からノートに書きためていたものをまとめて本にしたもので、その結果、あちこちに重複する文章や似たような表現が見え隠れすることになってしまった。

それが、たまたまコロナ禍での出版となった次第です。

そのため、不幸とは関係ないものが約半分を占め、また、よそ様から拝借したものも半分近くあるわけなのです。

タイトルの不幸論とはかなり違うではないかと言われるかもしれませんが、そもそも私は哲学者ではなく、ただの一介の物書きにすぎませんので、そこのところは勘弁していただきたいです。

それから、出典が（不詳）となっているもののおよそ半分は、自分のかよそ様なのかよくわからなかったので、その通り、不詳とした次第です。他意はありません。

ちゃんと出典をメモしておけばよかったと思っております。

最後に、この本によって、巣ごもりが多少なりとも楽になることがありましたら、そして、あなたの心に突き刺さる言葉がひとつでもあれば、幸せ（?）です。

【著者紹介】

佐野量幸（さの・かずゆき）

著書=『三百年後の三国志』（三国志の時代から300年後の、再び三国志の物語）、『ギリシャ三国志』（古代ギリシャを舞台に、アテネやスパルタの興亡史）、『土持戦記』（日向戦国武将物語）、『司馬氏！　しばし待たれい!!』（『坂の上の雲』に対する揚げ足取り及び言い掛かり集）、『終戦をプロデュースした男　梅津美治郎大将』、『神代勝利』（佐賀戦国武将物語）、『一般人のための「反ことわざ」人生案内』、『不思議？歴史発見！』、『ダイスケ犬の唄』、『受験生の君たちへ贈る言葉』その他。

不幸論！

2021年6月28日　第1刷発行

著　者　佐野量幸

発行者　濵　正史

発行所　株式会社元就《げんしゅう》出版社

〒171-0022 東京都豊島区南池袋4-20-9

サンロードビル2F-B

電話 03-3986-7736　FAX 03-3987-2580

振替　00120-3-31078

装　幀　クリエイティブ・コンセプト

印刷所　中央精版印刷株式会社

※乱丁本・落丁本はお取り替えいたします。

ISBN978-4-86106-269-8　C0095